世界上最好玩的科学书

看得你眼睛都不眨
轻松变成小科学家

文/（英）丹·格林
图/（英）西蒙·贝舍尔
译/夏芒　海杯子

人体·生物

CTS | 湖南少年儿童出版社
HUNAN JUVENILE & CHILDREN'S PUBLISHING HOUSE

目 录

人体

生物

人体

　　哦！瞧一瞧！看一看！这是你的身体吗？怎么这么神奇呀？天哪，两条动来动去的腿，多才多艺的双手，还有一个能够想事儿的大脑，真棒！（有时想出的鬼点子还很逗。）你的身体外表更是超酷——皮肤、毛发、指甲……再看内部，种种精致的器官和复杂的身体系统，让你看起来更加完美。

　　人体中最棒的部分是隐藏的，看不见的东西总是最神秘的！幸亏被解剖学家安德烈·维萨里（1514—1564）发现了，不过，你不要给吓得闭上眼睛哦，人家安德烈先生勇敢地完成了这个恐怖的工作，啧啧，他要切开人的尸体，在血淋淋的内脏里翻来翻去，就跟你收拾自己的书包似的。他迷上了这件事，画出了详细的图谱，还发现当时已被公认的各种关于人体的"事实"其实是错误的。比如，他揭穿了女人比男人多一条肋骨的神话。他还发现，肝脏只有两叶，而不是大家以为的五叶。多亏了他，我们如今才这么了解自己的身体，以及皮肤下面旺盛的生命。好了，让我们进去吧……

安德烈·维萨里

男人和女人

让开让开，我们来啦！我们是英勇无畏、强大的动物，用两条腿大踏步走过来。男人和女人是同样的动物，一个人不是男人就是女人。我们结合在一起，迸出爱的火花后，就开始制造婴儿了。

男人通常个头较高、肌肉较

★男人和女人是人类中的成年人
★他们是相同种类的生物，但有微妙的差异
★像其他雌性哺乳动物那样，女人生育后代

发达。他的性器官在外面，他十几岁时，睾丸激素的强大动力把他从小男孩变成大男人。女人的性器官主要藏在体内，以便孕育胎儿。女性激素是藏在身体里的雌激素，让小女孩的身体变成大女人的身体，让她有了孕育胎儿的能力。我们的性别是由两条染色体决定的，它们分别叫X染色体和Y染色体，女人身体细胞内的性染色体是两条X染色体，男人身体细胞内的性染色体则是一条X染色体和一条Y染色体。

世界上最高的人：罗伯特·瓦德洛（2.72 米高）
世界上最长寿的人：雅娜·卡尔芒（活了122岁加164天，1875-1997）
人的一般体重：男人76~83千克，女人54~64 千克

婴 儿

呜哇呜哇的哭声是我最常用的语言，告诉你我来到世界上的秘密吧。当男人的精子和女人的卵子结合，在受精的一瞬间，我是个小得难以想象的小细胞。9个多月以后，我蹬着腿爬出妈妈的子宫。我的脑袋大大的，我胖乎乎的，我嗷嗷待哺，你会忍不住爱我，为我唱："哦，睡吧，睡吧，亲爱的宝贝……"

刚开始，我真是一个没用的小笨蛋，我的颅骨还有软的地

方，它叫"囟门"，要过几个月才会硬化成骨头。我的视线只能聚焦到30厘米以内，没有比我更傻乎乎的了。大多数情况下，我是用母乳喂养的。要是第六个星期后的某一天，我会笑了，绝对让你喜出望外！但你还要继续保持对我的耐心，我要到第八个月才能爬，出生一年后才能掌握走路的协调和平衡。哦，我多么想快点摆脱这种呜哇呜哇的语言啊，我渴望学会说更多的话，但当我嘴里迸出第一个词时，可能已经是出生一年以后了。

正常的怀孕期：35~40个星期
婴儿出生时的一般重量：3.2千克
婴儿出生时的一般身长：35.6~50.8厘米

身体的"建筑材料"

　　我们身体的所有机能都是从细胞这个小东西开始的。在你成为一个能跑、能跳、能吃、能呼吸、能说话、能放屁的全能英雄之前，你曾经是一团不起眼的细胞，怎么样，没想到吧？一切都是从细胞开始的，它们组成了组织。然后，你获得了骨骼、肌肉、血液、免疫系统、神经系统等。一定要仔细读这一章哦，这可是你一生中第一次破解身体内部秘密的机会，就像打开一个封口的神秘瓶子，快看看里面到底装了什么好玩的秘密吧！如果你敢，就快来瞄一眼！

细胞

DNA

基因

线粒体

蛋白质

干细胞

精子

卵子

神经细胞

红细胞

白细胞

造骨细胞

身体组织

★ 生物体的微小单位，有一层薄膜外衣

★ 一个小小的化工厂，生产着你身体需要的各种物质

★ 这个家族的小成员们各司其职，共同组成了人体

我是一个小小的魔法包，我会变各种各样的戏法。如果把你比作一个房子，我就是搭房子的最最重要的建筑材料，没有我，就没有你。你身体里发生的一切变化都是因为我，是我在悄悄施展我的魔法哦。我可能很小，但别小瞧我，我能确保你的生命正常运转！

你用显微镜看我，吓了一跳是不是？我不是一般酷，我有很酷的质膜，我忙忙碌碌地从事着各种化学反应，制造你需要的一

切，维持你的身体功能。快，再睁大眼睛，你往深处看我，你会发现我的核。这个区域可是受限访问的哦，是我的控制中心，让你变傻或变聪明的DNA上的基因就在里面。

我不喜欢独来独往，你整个身体是由几十万亿的我组成的，我能一分为二、二分为四……所以你身体中总有足够的我。

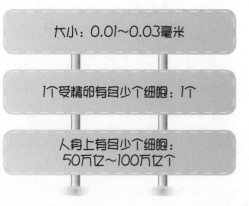

大小：0.01~0.03毫米

1个受精卵有多少个细胞：1个

人身上有多少个细胞：
50万亿~100万亿个

身体的"建筑材料" **细胞**

DNA 身体的"建筑材料"

被起名叫"脱氧核糖核酸"时，我都难以相信自己的耳朵！天哪！这么复杂绕口的名字你记得住吗？但你必须记住，因为我是多么重要！我敢说，我特别不一般，我是化合物，但我非同凡响，你瞧，我掌握着生命最深层秘密的钥匙！

我肚子里的内容可不简单，大家知道不？我有双螺旋结构。我光滑的两条螺旋由一些化学物

人体细胞中有多少条染色体：
46条（23对）

每条染色体有多少个碱基：
5000万～2亿8000万个

发现DNA的人：
弗里德里希·米歇尔（1869年发现）

质连接在一起，像梯子一样，整个看起来又像颗螺丝。这梯子的每一级叫一个碱基，碱基有四种，许多碱基组成长长的序列，这就是复杂的遗传密码，告诉你的身体如何运转。我们住在细胞核里，和蛋白质、RNA一起，组成了23对染色体。我们是你成长的蓝图。一旦细胞分裂，我们也分成完全相同的两份，让你的所有细胞都带着相同的遗传密码。这下你不得不承认，如果没有我，你就不是你。

★你身上几乎每个细胞都有它

★可用来鉴定一个个体，像指纹那样

★只有同卵双胞胎才几乎有一模一样的DNA

6

★ 基因存在于染色体上，作线状排列

★ 基因告诉身体，如何发育，如何运转

★ 基因是你的父母传给你的

你像父亲一样胖吗？像母亲一样矮吗？别责怪我这小不点儿。我是身体发育的向导，身体各部分要长成什么样子都归我管。我决定你的外表长啥样，我决定了你天生的能力是高还是低，因为你的身体细胞是在我的指挥下分化成大脑、皮肤、头发、眼睛、鼻子这些器官的。我成对出现，一半来自妈妈，一半来自爸爸。

你想不到我有多小！细胞核本来就够小了，但它还能装下46

人与人之间相似的基因：占99.998%

人与老鼠之间相似的基因：占92%

一条染色体上的基因数：多达3000个

条染色体，当然了，它们是紧紧缠在一起的。要是把它们全都拉直，它们接起来会有3米长，其中大约有5万个基因！在DNA中有一些小序列，标记着一个基因的末端和另一个基因的开端，这样一来人们就容易了解DNA，进而认识染色体了，这就像句子开头的大写字母，表示上一个句子完了，这一句开始了。

身体的"建筑材料" 基因

线粒体 身体的"建筑材料"

嘎嘎嘎！我们在飞快运转着，我们是产生细胞能量的小精灵。我们当然是很了不起的，我们是真正的超人，飕飕地飞来飞去（我们在你的细胞里有几百万

大小：0.0005~0.01毫米

所含基因数量：37个

生产ATP的效率：每秒生产500万个

个），制造一种叫ATP的燃料。它给予生命能量，随时准备供应细胞。细胞要多少，我们就制造多少。如果供不应求，那也好办，我们分裂成更多的线粒体，提高产量就是了。

★袖珍火箭——细胞内的能源

★鱼雷形的赛车，拆开死的细胞

★线粒体中的DNA是你的妈妈传给你的

你给我起爱称，管我叫什么小忙人，或万能实干家，聪明博士，我都答应！我很乐意你了解我，喜欢我。我按顺序排成链状的形式，在你的细胞内工作。我是由氨基酸组成的，氨基酸按不同顺序排列组成各种蛋白质。在你体内每一个角落都能发现我

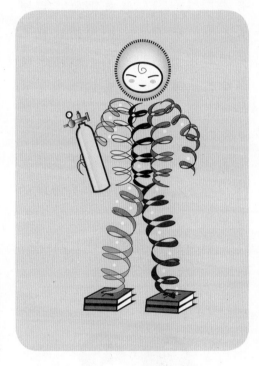

人体内的氨基酸种类：20种

角蛋白：
在皮肤、头发和指甲中发现的一种蛋白质

弹性蛋白：
在皮肤和动脉中发现的一种蛋白质

的踪影。咕咕，你肚子饿了，别急，你慢慢吃，你肚子里有我呢，我心甘情愿，等着帮你消化食物，把氧气送到你的细胞里，让你保持健康。

身体的"建筑材料" 蛋白质

干细胞 身体的"建筑材料"

我像齐天大圣孙悟空一样有变化的本领！我是细胞，但却有无穷"法力"，不用猜，我就是细胞中特殊的一位！再没有什么细胞能像我这样随心所欲变成任何类型的细胞了。一般的细胞（比如脑细胞、皮肤细胞）生下来是什么样，死的时候就是什么样，可我呢，我是个神气活现的变身魔法师。

这可不是自吹自擂！我独特

> 干细胞可以变成多少种细胞：220种
>
> 最普通的干细胞：位于3～5天大的胚胎中
>
> 成年人的干细胞：多在骨髓和皮肤中

的变身本领使我鼎鼎大名，身价倍增。想想吧：由于我可以分化成任何细胞，从肾细胞到肌肉细胞或心脏中的细胞，有朝一日人们就可以用我定做器官来移植。为我鼓掌吧，我觉得自己真是棒极了！你问我是怎么做到的？嗯，这个秘密我只告诉你一个人哦，我像细胞那样繁殖，可当我分裂时，每个新细胞都有权选择，是维持原状，还是变成不同的细胞。嗯，我琢磨琢磨吧，我可能变成神经细胞，或者肌肉细胞……

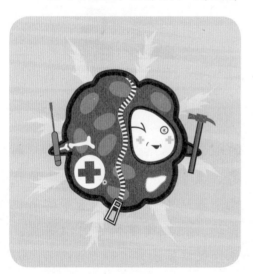

★有神奇的变形能力的细胞

★出现在胚胎、骨髓、肝脏和大脑中

★可用来促进移植器官的生长

各就各位，预备，开始，冲啊！我的学名是"spermatozoon"，可我愿意把末尾改成"zoom"，就是"冲刺"，我冲向可爱的卵子，制造新的生命。

我这个小家伙，负有伟大的使命，我的一生短暂而光荣。我来自睾丸——男人的精子工厂，我奋力游啊游啊，朝着阴茎游去，经过前列腺时，它给我分泌一些液体，这是我需要的饮料，喝饱了我就有足够的动力。如果一切顺利，我就进入女人

的身体，摇着我的长尾巴再游个把小时，卵子的身边就是我的终点了。这个过程听起来很容易？哦，不，这真的是个挑战，首先我得在卵子变得太老以前到达她身边；其次，我得和几百万同类竞争，毫无疑问，这是一场紧张的战斗！必须跑得最快才能获得卵子的热烈拥抱。

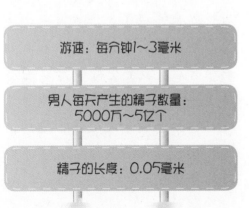

游速：每分钟1~3毫米

男人每天产生的精子数量：5000万~5亿个

精子的长度：0.05毫米

身体的"建筑材料" **精子**

卵子 身体的"建筑材料"

我长得优雅而秀美，我在女人的卵巢中悄悄生长，静静地潜伏，每个月成熟一次。我像个小泡泡轻柔地在输卵管中飘落，盼望精子快来与我相见。

真不好意思呀，我根本不会捉迷藏，我是一个很容易被对方发现的目标。我的体积比精子大85000倍，所以它找到我的几率

> 受精卵的直径：0.15毫米

> 释放后的寿命：一般为12~24小时

> 受精卵长成婴儿需要的时间：35~40个星期

很大。如果精子与我结合，我们各带着的半套DNA就结合起来，创造出一个全新的生命。然后，我们藏在子宫深处，在它的保护下，开始长成胎儿。哦，这些经历听起来棒极了，但我没有太多时间停下来给你讲故事，在我开始旅行后，我会变得又老又丑，精子再见到我就不会搭理我了。所以，如果精子迟迟不来赴约，我会郁郁寡欢地死去，到了下个月，会有另一个卵子代替我。

★人体制造的最大的细胞

★一个女人一生只释放400个这样的细胞

★这种女性生殖细胞，又叫"卵细胞"

我是生命的电线，我很特殊，是我把你身体各处的感觉信号传到大脑。我帮你感觉周围的世界，帮你动来动去。哎呀呀，你说好疼？对，这就是疼痛，这就是我带给你的感觉。神经细胞充满活力，随时准备行动。

我们这些神经细胞结合成长长的链条，把你从头到脚趾连为一体。我们每个神经细胞向两端延伸出细细的线的形状，人们管这叫纤维，这使我们特别敏感。

神经纤维的宽度：0.01毫米

神经信号的强度：超过30毫伏特

神经信号持续的平均时间：0.001秒

我们组成超级高效的网络，信号像闪电一样快速地穿梭！

大脑喜欢对我们发号施令，但也有一些事是我们自主决定的，比如调节你的体温，所以你从来不需要动脑子想："我应该是37℃还是37.5℃？"

身体的"建筑材料" 神经细胞

红细胞 身体的"建筑材料"

哦，我是永远年轻的，我受过这种特殊训练——把生命必需的氧气送到身体各个组织。甭管什么时候什么地方需要我，我都会听从命令的召唤。如果你喜欢的话，就叫我"甜甜圈"吧，因为我的模样就长成那样儿。我自己没有基因，生性简单，可我肩负着生死攸关的任务。

我把秘密告诉你，你要保

人类红细胞的平均大小：
直径约0.007毫米

人体内的红细胞数量：25万亿个

发现红细胞的人：
简·施旺麦丹（1658年发现）

密哦！仅仅我一个红细胞就能携带10亿个氧分子！我使用一种叫"血红蛋白"的富含铁的化学物质，随着血液流经肺时吸收氧气。呼哧呼哧，好累！这是很费力的任务，我的寿命大约只有120天，然后骨髓就得产生新的红细胞来替换我。

我死了以后肝脏会把我分解，我随着尿液流出人体，我可爱的红色变成了你小便的黄色，哦，好臭臭，没关系，你快去卫生间哗哗哗！

★在骨髓中制造的一种细胞
★这位红润的快递员把氧气送遍你周身
★一滴血里有2亿5000万个红细胞汹涌前进

我们是你血液中的精锐部队，"服务你和保护你"是我们的誓言，我们发誓为你而活，为你而死。想知道我们的使命？那就是负责寻找和摧毁入侵者，保护你的健康。

我们组织严密，有五个成员在秘密行动，个个都有自己的司法管辖权。我们在你体内巡逻，寻找着偷偷摸摸来历不明的坏家伙——细菌、病毒、癌细胞，我们负责消灭它们。想认识这五位成员吗？它们可是鼎鼎大名哟。

血液中白细胞的含量：0.7%

人体中有多少个白细胞：
200亿~550亿个

各种白细胞的正常比例：
嗜中性粒细胞（62%）、淋巴细胞（27%）、单核细胞（6%）、嗜酸性粒细胞（4%）、嗜碱性粒细胞（1%）

嗜中性粒细胞瞄准通过破裂的皮肤侵入的坏蛋；嗜碱性粒细胞释放一些引起过敏反应的化学物质；嗜酸性粒细胞追踪寄生虫；单核细胞能够吞噬异物，产生抗体；还有这个班组的老大，淋巴细胞，它可是关键的免疫细胞，消灭变坏的细胞，预防疾病。大多数白细胞只能活几个小时或几天，而淋巴细胞能活好几年。

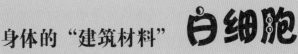

身体的"建筑材料" 白细胞

造骨细胞 身体的"建筑材料"

谁的身体里都不能没有骨头，我们身体里的骨头架子是一块块骨头搭建成的"大楼"，而在建造骨头大楼的过程中，我是砖头。若没有我和我的伙伴们，整个大楼就会稀里哗啦地倒塌（连带你也得垮掉）！所以如果你从来没听说过我，你最好是恶补一下！

我生产磷酸钙，这是像石

人体最硬的骨头：大腿骨（股骨）

体积相等时，骨头只有钢的四分之一重

骨头的重量大约占人体七分之一

头一样硬的材料，是你骨头的主要成分。我还会往里掺入一些胶原蛋白，让你的骨头柔韧一些，不容易碎。我是专门造骨头的，负责制造两种类型的骨头。第一种是海绵状的，在骨头中央形成蜂巢似的网孔，果冻似的骨髓就灌在里面；第二种是紧密的——千千万万个我们挤在一起，形成骨头的坚硬外壳。我坚守职责，不断更换你骨头里的细胞，我这么勤劳能干，让你变得强壮又健美。哦，永远别叫我"懒骨头"！

★制造骨头的细胞，它自己是由骨髓中的干细胞制造的
★你的身体用这小子填补破裂的骨头
★这种细胞生命力很强，你上了年纪以后，它才会死亡

★ 由一层相似的、同心协力的细胞组成

★ 你身体的所有机能部位都是由"组织"组成的

★ 重要的组织有骨头、肌肉和血液

我长得湿漉漉、滑溜溜的，我填充着你体内的那些窟窿，让你保持完整。建设你身体的时候，启动任务的是细胞，但完成任务的肯定是我。说老实话，单凭细胞自己什么也干不了！

我才是真正的工程师，你想拍我马屁我也不拦着。是我，把细胞整理成不同的群体和不同的层面，形成你那些湿漉漉的内部结构。哦，我这组织可不是白吃饭的，软骨、肌腱、骨髓、肌肉

和各种滑溜溜的膜全都归我这一丝不苟的组织管。就连那些被当做缺一不可、特别了不起的复杂器官（如心、肾和皮肤），如果打开看，也无非是一层层的、油光水滑的组织在一起的。所以说英文里的"有组织"（organized）也就是"器官化"呀！

组织的类型：结缔组织、肌肉组织、神经组织、上皮组织等

结缔组织：包括骨头、血液、淋巴等

上皮组织：覆盖在身体的外表面、体腔及有腔器官的内壁

身体的"建筑材料" 身体组织

骨骼和肌肉

　　让我们向这个正直的班集体致敬吧！若没有这些伙伴，你这个班长再能干也是个果冻似的软蛋，瘫在地板上由着淘气包们蹦来跳去。是骨骼和肌肉给了你体形，让你挺立，让你行动。首先我们要感谢骨头，它们构成了你的骨骼，其中有脊柱和厚厚的颅骨，让你如此刚强地站直了，让你看起来这么挺拔。然后是骨骼肌，你的运动可离不开它们。当然啦，还有软骨，它把骨头连在一起，免得它们磨得嘎吱响，可见要是没有软骨你也会很难受。嗨，骨头甭管软硬都很重要！快，快过来会会这些正直的朋友吧！

骨头

骨骼肌

软骨

颅骨

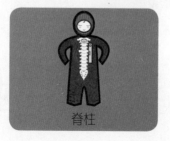

脊柱

我们都是硬脾气，是你身体的保护者，是披着闪亮盔甲的武士。颅骨保护你娇嫩的大脑，肋骨掩护你的心脏和肺。

我是用极其坚固的材料建造的，从最长的骨头（股骨，在大腿上）到最小的骨头（镫骨，在你耳朵眼里）。我构成了你身体的框架，喂，想想看，要是没有我，你把各种器官挂在哪里？没有我，你没法摇摆四肢。试试看，把你身上的骨头拆掉，天哪，你就成了一堆皱巴巴的肉。

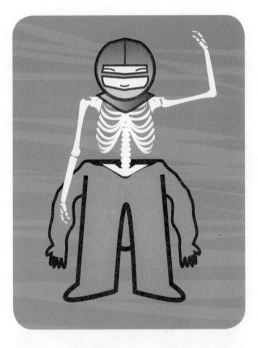

哎哟！你可能以为我是死的，其实我是活的，活力强着呢，问问保养我的那些造骨细胞，你就明白了，它们总在制造更多的我们，来帮助你长大，而且我断裂的时候，它们会来修补。要是我埋在地下，我可以一千年不腐烂。

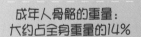

成年人骨骼的重量：
大约占全身重量的14%

一般人身上有多少根肋骨：
24根（组成12对）

平均每200人里有1人，
比别人多出一两根肋骨

骨骼和肌肉 **骨头**

骨骼肌 骨骼和肌肉

别理睬扬扬得意的骨头，让你站起来的是我。你的每个动作都离不开我肌肉，你明白吗？"懒骨头""笨骨头"这些说法可不是没来由的，骨头就会吹牛，不会动，这本书却先讲它，哼！

拜托多看我一眼吧，我在你的体重中占了差不多40%，骨

头才占多少呀。我努力工作，不过我身上长长的纤维只会往一个方向拉扯，所以我得成双成对地工作。一束纤维收缩时，另一束纤维就伸长。拉扯骨头时，我就会变短、变粗，所以你使劲的时候肌肉会鼓起来。要支撑骨头、把骨头拉来拉去，真不是轻而易举的事情，我得是一大块一大块的。不过，我也能一小块一小块地干些细活，比如控制书写、抬头、眨眼睛这些动作。嗨，绝对不要小瞧我，我可不是个笨蛋！

人体有多少块肌肉：大约639块

最快的肌肉运动：眨眼睛（200～400毫秒/次）

走路需要多少块肌肉一起运动：超过200块

★一种主要的身体组织，热爱运动

★这是一束束蛋白质纤维，靠筋腱连着骨头

★这是三种肌肉中的一种（另外两种是心肌和平滑肌）

快，举起你的右手，向我，强大的结缔组织致敬！我的柔韧好脾气，使你身体灵活，我可以尽量弯曲，帮助你行走、扭动、跳跃、坐和跳舞。

要搞清楚，如果你身上的骨头全是硬的，你就会像木板一样直。长成木板一样宁折不弯多搞笑啊！所以你要想自己身体能弯曲，必须有我的帮助。我是超级棒的连接者，把韧带、筋腱连在骨头

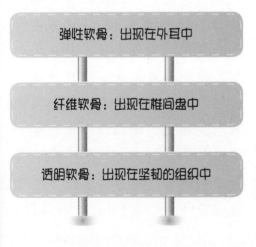

弹性软骨：出现在外耳中

纤维软骨：出现在椎间盘中

透明软骨：出现在坚韧的组织中

上。韧带把骨头和骨头连在一起，而筋腱连接着骨头和肌肉。我还在脊椎的骨环之间形成圆盘，免得它们磨得咔嗒咔嗒的响。总的来说，是我让你成为一个整体的人，成为一个极其灵活的生物，因为膝盖骨连着股骨，股骨连着髋骨……有了我软骨的存在，你就放心地活动吧。

骨骼和肌肉 **软骨**

颅骨 骨骼和肌肉

哇，嘿！我是整个脑袋的壳子！我更像是个"骨头盒子"而不是"大脑盒子"，可我接受了这个至关重要的任务！你能知道我里面的脑子在想什么吗？

实际上，我这个"盒子"可不是普通的"盒子"，我的骨头盒子是娇嫩的感觉器官的家，掌控听觉、视觉、味觉等的器官舒舒服服地躲在家里乘凉，风不

囟门：
婴儿颅骨上的软处，让颅骨在出生时柔韧

刚出生时婴儿颅骨上有多少个囟门：
2个

到几岁的时候，所有的囟门会关闭：
大约1岁半

吹日不晒的。我还是个很合适的架子，你把头部的肌肉和称心如意的五官贴在我上面，人家看见的你，就有一个完完整整的脑袋啦。你有灵活的下颌骨，所以你能咀嚼好吃的，还能随心所欲地说话。数数看，我有8块骨头组成你超硬的脑袋壳子，可以保护你柔软的大脑不被随随便便地打击。我虽然很坚强，可再强也比不上混凝土。所以你要爱护我，你骑自行车出门时最好戴个头盔，头盔破了没事，我破了，你就惨了！

★头上22块极其坚硬的骨头紧密结合在一起
★它们保护着你的大脑
★有一层组织缓冲着外物对它们的打击

"挺起腰杆做人"说的就是我。你瞧，你能站稳立场，高昂着头颅，全得感谢我。

摸摸你自己后背的中央，赶快赞美我优雅的曲线吧。我是一叠骨环，靠椎间盘连接，这椎间盘是聪明的软骨形成的。要是没有它，我就会是一堆摇摇欲坠的积木。但是有了它就不一样了，我像一个又高又结实的塔。在我的最顶端，是让你能够"摇头不

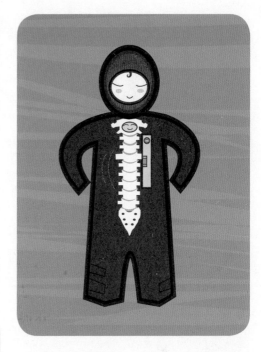

算点头算"的颈椎。在我最底端，是尾骨——你的尾巴骨。你的肋骨钩住了我，保护着你柔软的内脏。我中央是个空腔，装满你生命必需的脊髓，它又连着一条条神经，懂了吗？

脊柱上的每块骨头叫椎骨

人的脊柱上有多少块椎骨：33块

被椎间盘连接的椎骨有多少块：24块

骨骼和肌肉 **脊柱**

血液和呼吸

哦，为你的循环系统祈祷吧。这是个神奇的全自动系统，以心脏为枢纽，兢兢业业为你的身体服务。它向你的身体细胞供应氧气和动力，修补受损的皮肤，抵抗细菌的侵略，抵御疾病，运走你的细胞产生的废物和讨厌的毒素。这还不够吗？但是等一等！给那两个气囊——肺留一些赞美，是它们控制你的呼吸系统。它们负责向血液供应氧气，再排除血液中的二氧化碳。这是最终的清洁工，别忽略它们！

心脏

心肌

血液

肺

动脉

毛细血管

静脉

停！仔细听……咚，咚，咚……这是我在跳动，是你生命的节律。我是个总在咚咚咚、扑通扑通跳的调皮鬼，我是你不知疲倦的心脏！

每天，我输送到你周身的血液超过7000升。我是怎么做到的？这个问题可把我难住了！我坐在你胸部中间偏左的位置，大概有你拳头那么大，被胸骨保护着。我有两个泵——我的右边将缺氧的血推到肺里，肺给它

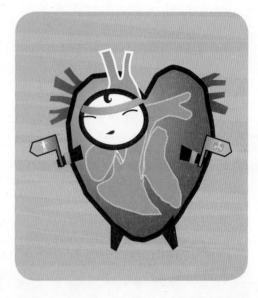

灌足生命需要的氧气，给了它活力；与此同时，我的左边将富含氧气的血送到你的周身，给细胞喝。静脉负责把血液运到我这里，动脉则负责把血液从我这里输送到身体的各个部分去。我不会修理自己，所以你得爱护我，体育锻炼对我是有好处的。我喜欢良性的超负荷训练，赶快，动起来吧！

人类心脏的平均重量：
男性约300克，女性约250克

成年人的平均心率：
在休息时，每分钟跳动60次

输送血液的能力：平均每天7200升

血液和呼吸 心脏

突，突，突……这是我的咒语。我是构成心脏的组织，没有我，心脏这调皮蛋就蹦不起来。我长得很纤细很漂亮，但老是在工作，瞧瞧，我干得多棒。

我总在抽送血液，不停地运动，从不休息，让血液循环不止。你知道，要是心脏停

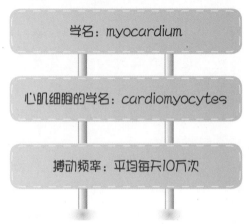

学名：myocardium

心肌细胞的学名：cardiomyocytes

搏动频率：平均每天10万次

止跳动，大脑就只能再活几分钟，因为血液不能再把生命必需的氧气带给它，大脑缺氧后果很严重……啊，即使想一想也让我紧张！

如果有抽送血液的竞赛，我肯定是冠军。在小小的起搏细胞的指挥下，我以稳定的节奏搏动。嗯，请用你的手捂住心口，感觉一下我是怎么干活儿的吧，是我让心脏那小家伙突突突跳得这么欢！

★让心脏跳动的特殊肌肉

★一种强劲的肌肉，骨骼肌和平滑肌的兄弟

★从不休息，是你身上最辛勤工作的部分

我是响当当的名不虚传的红脸男爵！我还是能干大王！我对身体开展上门取送服务，你知道，这是一种"流动"业务。

如果你不小心创伤了，我就蹦出来了，所以很多人不喜欢我，其实我没什么可怕的，在我的运输公司里有三个同心协力的帮手：红细胞把氧气送遍你周身（这使我有骄傲的红色），白细胞与入侵者战斗。小小的血小板协助白细胞。你受伤以后，血小

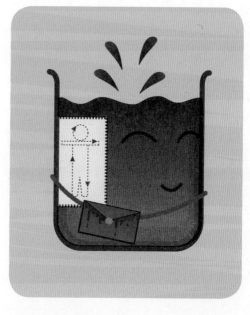

板这些聪明的伙计一见到空气，就紧紧连在一起，在你皮肤上形成硬痂，阻挡细菌进入。我除了运氧气，还运送营养，如脂肪、蛋白质、碳水化合物和必不可少的矿物质，把它们运到你身体各处。我甚至还有个副业，就是运输荷尔蒙！哦，为红脸男爵的健康红色干一杯！

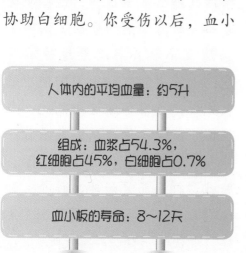

人体内的平均血量：约5升

组成：血浆占54.3%，红细胞占45%，白细胞占0.7%

血小板的寿命：8~12天

血液和呼吸 **血液**

肺 血液和呼吸

嗨，嘿！我们喊着号子干活儿，不停地充气，给你的身体通风。这是个复杂的任务，所以做个深呼吸吧，你需要它！

呼哧呼哧，我们是两个海绵似的囊，囊里装着许许多多泡状小腔，特别柔软，还是粉红色的，看起来像泡沫，它们叫肺泡，空气中的氧气就在这里与二

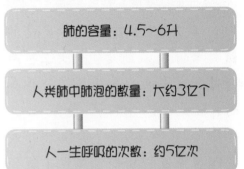

肺的容量：4.5~6升

人类肺中肺泡的数量：大约3亿个

人一生呼吸的次数：约5亿次

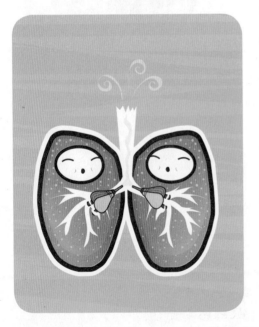

氧化碳交换。知道肺是怎么工作的吗？秘密是这样的，你的气管在肺里分叉、分叉再分叉，分得很细很细、很多很多，这些小管分布在所有肺泡的表面，同时，毛细血管带着血液经过这些肺泡，血液中的红细胞把肺泡中的氧气带走，准备输送给细胞，并且留下废气二氧化碳，然后你一呼气，就把二氧化碳呼出去了，肺就这样周而复始地工作着，让你活蹦乱跳。哇，呼吸的秘密真棒，赶快吸一口新鲜空气吧。

★人体内部的一对气囊，热爱吸收空气

★这两片浸透了血的肺叶，由膈膜带动

★呼吸本来是自动的，但你也可以有意识地控制它

你大概听说过我的伙伴，鼎鼎大名的血液先生吧？它通过一个极其成熟的运输网络，周游你的身体。嗯，这个运输网络就是你的循环系统，而我非常骄傲地宣布，没我，这个循环系统对你就不灵了，我对你，有生死攸关的作用。

要说我有多重要，那说来可就话长了！我大权在握，控制着从心脏出来的主要运输线路。我主要运输的珍贵货物，猜猜看，是什么？是鲜红色的、带着

氧气的血液！（例外的是我进入肺部的支线，它们运输缺氧的血液。）心脏推动着我的整个运输过程，运得不算快，但心脏给血液施加的压力是巨大的，所以我的运输车的"车壁"很厚。你要是切开我的壁就知道了，我会把血喷得满屋子都是！哇，那可真是太吓人了，不是我吹，那时候你的血很快就会流干！所以要小心别弄破我。

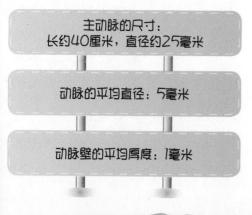

主动脉的尺寸：
长约40厘米，直径约25毫米

动脉的平均直径：5毫米

动脉壁的平均厚度：1毫米

血液和呼吸 **动脉**

你说我娇滴滴？没错，我是这么的纤细、这么的脆弱！我在你身体各处编织着道路——含有氧气的血液的必经道路。我有好多好多，多如牛毛，遍布你的身体，从你敏感的手指尖到你笨拙的脚指头。你羞得脸红

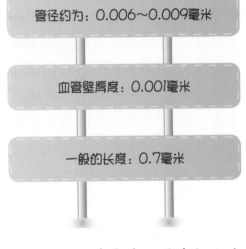

管径约为：0.006～0.009毫米

血管壁厚度：0.001毫米

一般的长度：0.7毫米

的时候可以责备我，是我把血液送到你的皮肤上的。我的这些细细又娇嫩的小血管是很容易破裂的，所以你要是给针扎了一下，你啊呀一叫，血就呼呼流出来，吓你一跳。哦，抱歉，我不是故意吓你，我是个管不住自己的娇气包！

★循环系统末端分支的纤细血管
★这些薄薄的细管子连接着你的动脉和静脉
★血液的更新是在其中完成的，动脉和静脉可没这个本事

不是我吹，我说我是身体的贵族，不要怀疑，因为我是真正的出自名门的显贵者。我控制着你循环系统最后的一段旅途！要说我多重要，仔细听我说，是我把变得混浊的血液带回心脏的，换了别人，能干这事吗？回到心脏，血液在这一段旅途的任务也就完美地完成了，谁能责备血液变暗呢？这时候的血液已经筋疲

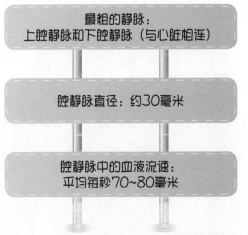

最粗的静脉：
上腔静脉和下腔静脉（与心脏相连）

腔静脉直径：约30毫米

腔静脉中的血液流速：
平均每秒70~80毫米

力尽了，就算我得不到心脏"衷心的"压力，我的单向阀门也能阻止它倒流回毛细血管！哦，想想我立的大功劳，我忍不住暗自得意！

血液和呼吸 静脉

消化和排泄

　　在你体内的食品加工厂中有许多嘎嘣嘎嘣、咕叽咕叽、滑溜溜的明星，为它们干杯！从粉碎食物的牙齿、初步消化食物的唾液，一直到搅拌食物的胃和蛇一样的肠子，这些家伙操纵着你惊人的消化系统。还有一大群分解食物的专家在其中工作，如各种酶、各种消化细菌，它们忙着提取营养，向你的身体供应能量，排除你不再需要的废物。这是吵吵嚷嚷的一伙，听听有多热闹——吧唧吧唧，咕嘟咕嘟，还有打嗝和放屁的声音，它们正和你一起大吃大喝呢。

酶

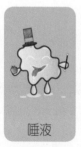

唾液

牙齿

胃

肠

平滑肌

消化细菌

胆囊

肝脏

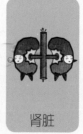

肾脏

膀胱

排泄物

没我们，你吃饭不香；没我们，你就撑得慌。科学家管我们叫"催化剂"，意思是，我们加速了你体内的化学反应，又不会把自己卷进去，不会改变自己。我们是机灵勇敢的小士兵！

你在你的全身可以找到各种各样的我们。我们控制着成千上万种化学反应，每一种反应完成得又快又好，瞧瞧你活蹦乱跳又健康，是我们把你的食物分解成了简单的分子，让你的身体更容易吸收！对啦，是我们帮助细胞

生产你需要的各种蛋白质。还是我们，作战能力超强，我们反复引发化学反应但不会殃及我们自己，每秒钟干几千次。哦，这些真让我们得意！要是没有我们，你吃下的一顿饭，就得花费太长时间来消化，你这一辈子就光忙着吃饭、消化、排泄，啥都干不成了。噢，幸亏有我们，感谢我们吧！

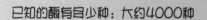

已知的酶有多少种：大约4000种

消化酶：
在胰腺、唾液腺、胃、肠中产生的酶

系统酶：
出现在血液、各种气管和细胞中的酶

消化和排泄 酶

33

唾液 消化和排泄

哦，要是想让我这个有隐身法的精灵出现，你只需闻闻厨房里飘出的香气，只需要咂咂嘴，就能让我流出来。我是滑溜溜的、敏感的、黏滑的调皮鬼，当你张开嘴巴准备吃东西时，我就跳出来加入你的美食大餐。哦，你差不多每顿饭都要流口水！

我有液体魔法，使你的食物变得湿答答黏糊糊的，容易吞

人每天分泌的唾液有多少：1～1.5升

人每个月分泌的唾液有多少：约42升

人嘴里的细菌有多少：多达60亿个

咽。是我，帮助舌头尝酸甜苦辣的味道。我含有酶，所以食物还没到达胃，就开始消化了。我还充满了细菌。如果在你嘴里有这样上百万个臭烘烘的小球时，千万闭紧嘴巴，因为口太臭啦！我是由六个腺体分泌出来的——两个在你舌头下面，两个在你下颌里，还有两个在耳朵下面。人们兴奋的时候，总是特别多话，眉飞色舞，这时候，总是唾沫飞溅，所以呀，拜托！你可以吹牛皮不打草稿，但请小心别把嘴巴当喷壶！

★这吧唧吧唧的家伙软化了食物，让食物更容易咀嚼

★唾液中含有黏液，所以黏滑，可以流成一条线

★唾液中主要的酶是一种叫"淀粉酶"的蛋白质

嗨！请你张大嘴巴，拜访一下你珍珠般的白牙吧！我们是伟大的咀嚼者，不光磨碎食物，还帮助你说话。当我们被你大部分暴露在别人面前时，意味着你在微笑，充满信心，如果你还愿意扮鬼脸，那就更有趣更讨人喜欢了。

快大声说"茄子"，让你更好地显示我们白玉一样英俊的珐琅质外形。另外，每颗牙都有个根，插入你下颌骨的槽，还有柔软的髓，充满血液和神经。我们组成一个团队工作。最前面的门

牙负责咬和切，而旁边尖尖的犬牙负责撕扯食物。后面大颗大颗的牙——前磨牙和磨牙，把前面那些牙对付不了的东西磨烂。我们很坚强，但也有可怕的敌人，那就是细菌和糜烂的食物形成的肮脏的酸性物质，叫"牙斑"，它会分解保护我们的珐琅层，让你牙疼。哎呀呀，牙疼不是病，疼起来要人命，说的就是要好好保护我们的理儿。

每个人一般有多少颗牙齿：
小孩有20颗，大人有32颗

人体中最坚硬的物质：牙釉质

智齿：口腔内最后面的磨牙，
一般在18~22岁时长出来

消化和排泄 **牙齿**

给我点儿吃的！必须！马上！我是个贪吃的家伙，没有什么比马上就要处理一顿美味佳肴更让我开心的啦！嗝！

我把食物分解成有营养的糊——食糜，然后把它交给肠子。当然，牙齿、唾液和舌头都在嘴里做了适当的工作，可我在

| 胃在休息时的容量：1～2升 |
| 胃可以撑到最大：4～5升 |
| 食物在胃里待的时间：3～6小时 |

消化方面比它们专业得多，我是一个大大的晃荡着、咕嘟着、汩汩着的大缸，有各种酶、细菌和分解食物的酸。我还有肌肉呢，它无情地挤压和撞击你吃下的食物。如果有什么东西是我消化不了的，我就迅速收缩，把它赶出去。你吃饱喝足心满意足地说：好了，好了！我吃够了。食物被我搅拌大约6个小时后，就变得像稠稠的浓豌豆汤了。我的活儿也就干完了！嗝！

★一个橄榄球状的袋子，把食物彻底变成糊状

★胃的内膜是折叠的，你大吃一顿后，它就伸展开来

★产生气体，让你打出精彩的、响亮的、难闻的嗝

我是你体内的食物加工厂，也是废物处理站。上菜喽，看见胃送来美味的糊状食糜，我赶快活动起来，吸收各种有营养的汁液，不浪费，也不多要！

这些工作是从我上面的那段——小肠开始的。我从肝脏得到胆汁，从胰脏得到胰液，把它们和食物混合成一道菜汤。我行进的路线是曲折的，还有好些急转弯，一路布满小小的指状的绒毛。这些细细的小手指在食物的浆糊中扒拉来扒拉去，寻找蛋白

质、矿物质、维生素、糖类、碳水化合物和脂肪这些宝物，把这些宝物吸收到肠壁再进入血液。剩下的东西移动到我的下半段——大肠，盐分、水分和矿物质在那儿被吸收掉。这之后剩下的就是"珍贵"的废料了，嘻嘻，就是你拉出的那种臭臭的、黏糊糊的棕黄团团或球球，有时候像一段香蕉棒，扑通扑通落入马桶！

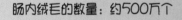

肠内绒毛的数量：约500万个

食物在小肠里待的时间：2～4小时

食物在大肠里待的时间：12～48小时

消化和排泄 **肠**

平滑肌 消化和排泄

我又圆滑又老练，我是个老牌的地下工作者。我藏在你身体里黑乎乎的地方，我为你的消化系统和排泄系统做"内部的"工作。

我是三种肌肉中最细致的，人们常常忘记我其实也很重要。比起心肌这个工作狂，我的动作很慢。我的纤维又纤细又柔软，

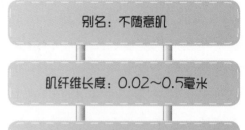

别名：不随意肌

肌纤维长度：0.02～0.5毫米

肌纤维直径：约0.008毫米

不像健壮的骨骼肌，而且，骨骼肌的纤维是朝一个方向收缩的，我的纤维却朝各个方向收缩。我蜷缩在肠子里，不用你提醒我也会自发地工作，帮助消化食物。我慢吞吞地蠕动着，让食物更容易通过消化系统被吸收。我不指望谁来给我发奖状，你甚至不需要知道我在干活儿。我所做的还不止这些呢，我在妈妈体内帮助她把宝宝生出来；你小便的时候，我挤压你的膀胱，把你的小便挤出去，嘶嘶，好放松！

★纹理细密的肌肉，慢慢蠕动，挤压食物
★分层的、交叉的纤维
★你的胃、肠和膀胱都离不开它的帮助

★在你肠子里蠕动和翻滚的随时可帮上忙的外来细菌

★每天产生大约两升气体，这就是嗝和屁

★抗生素会杀死这些家伙，让你肚子疼

我是天生的间谍，是一种友好的细菌，喜欢潜伏在你曲折昏暗的消化管中执行任务。我属于一个完整的外来生态系统——数万亿的单细胞细菌生命体，在你的身体里安营扎寨，把这里当做"家"。我们在你体内的数量，甚至超过了你自己的细胞！

多亏我们很小很小，你带着我们走来走去才不会感到太吃力。什么，你眉毛倒竖对我们的存在感到很生气？哦，你误会了，我不是擅自占用了你的身体，是你真的需要我。我不仅援助你的消化，而且生产一些必不可少的维生素，阻止有害的细菌在你体内安营扎寨。因为某种肮脏的入侵者搭乘食物的电梯进来，或者被你的小脏手带进来，会干扰胃的酸性环境。分解食物是个臭烘烘的工作，我在此过程中产生大量气体。我是友好的，但从来没吹牛说自己漂亮过！

人体内的消化细菌数量：约100万亿个

消化细菌有且少个物种：300~1000个

细菌在大便中占的比例：约15%

消化和排泄 消化细菌

胆囊 消化和排泄

我是苦中作乐的模范，我住在你的中腹部，我是装满胆汁的袋子！苦的消化液装在我小小的珍珠状的囊里。我住的地方我不保密，就在肝脏下面，在特意为我开的一个小腔里。

在英语中，胆汁的别名有"怨恨"的意思，这倒也名副其实。肝脏分泌胆汁，即使在身体不需要时也分泌它，多余的胆汁

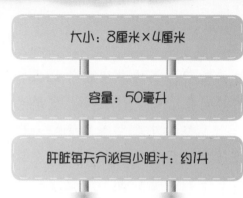

大小：8厘米×4厘米

容量：50毫升

肝脏每天分泌目少胆汁：约1升

就由我储存。胆汁进入肠中，帮助分解食物。通常，胆汁负责分解脂肪，但它也有助于吸收食物中的维生素A、维生素D、维生素E和维生素K。当胃释放糊状的食糜时，是我备感光荣的时刻，我努力收缩我的液囊，射出我的胆汁给小肠。哇哇，不好了，你呕吐了？没关系，这也正是你品尝自己胆汁的好时候。开个玩笑别介意哦！胆汁这家伙真的又臭又苦。有人呕吐过后甚至说，品尝自己的胆汁简直是"难堪"的经历！

★这个阴郁的老家伙储存着胆汁，准备消化你的食物
★胆汁是一种苦的消化液，颜色像刚割下来的草那样
★在胆囊中，胆汁会浓缩

哇！还有什么是我干不了的吗？我是你体内最了不起的器官之一，能非凡地完成多种任务。

看看我都能干什么吧！我是分解蛋白质和废弃的红细胞的地方，是一个修复中心，清洗你血液中的毒素。我把所有的废物传给肾脏，但我的专长是消化。我搜集和处理血液中的营养，这是从你狼吞虎咽的食物中得来的。我是维生素、铁元素、备用的碳水化合物和脂肪的库房。我存储维生素A，控制血糖含量。我还生

产叫胆汁的消化液，为肠所用。承认吧，我极其惊人，可不是吗？我做了大量工作，我的能量库房产生的热量，让你始终感觉很舒服。嗨，好好搓搓我，给我鼓励吧，因为你的生命始终离不开我！

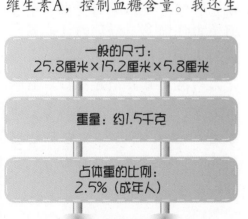

一般的尺寸：
25.8厘米×15.2厘米×5.8厘米

重量：约1.5千克

占体重的比例：
2.5%（成年人）

消化和排泄 **肝脏**

肾脏 消化和排泄

我们是一对厚脸皮家伙，嘿嘿，我们不谦虚，因为我们喜欢从血液中，呃……提取尿。其实，说出来没什么不好意思的，是我们净化了你的血液，把它所有的废料和垃圾传给了膀胱。

你会发现我们俩舒舒服服地待在脊柱的两边，享受着肋骨的

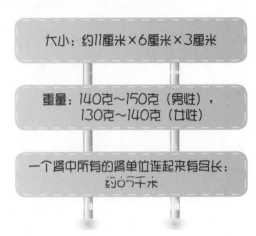

大小：约11厘米×6厘米×3厘米

重量：140克～150克（男性），130克～140克（女性）

一个肾中所有的肾单位连起来有多长：约65千米

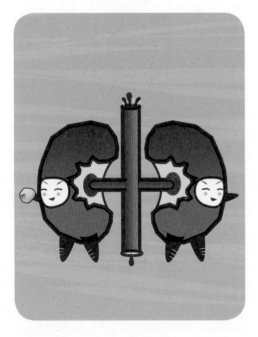

保护。虽然我们个头不大，可你永远不会看到我们偷懒。每天，我们大约25次过滤你的血液！仔细想想吧，我们一辈子都浸在那红色的液体里。用显微镜看，我们是由许许多多好玩的过滤器组成的，它们叫"肾单位"。每个肾大约有一百万个肾单位。它们把水分和废物挤出毛细血管，再顺着"垃圾滑道"把它们输送到膀胱。在那儿，好好做自己的事——这是我们的格言！

★暗红色的、豆状的一对器官，靠近你后背
★你泌尿系统的主要器官
★这活跃的一对，过滤了血液，把废液排到膀胱中

我貌似间甲粗糙但却有神奇的本领。你瞧，我有一种最难以置信的能力，在充满尿的时候可以紧缩和扩张（明白了吗）。我保证决不是自吹自擂，在需要我膨胀的时候我恰到好处地施展本领！

你的肾有一根管子，叫输尿管，把来自血液的废液输送给我。我的外流管——尿道，引导着尿液离开我，从此离开你的身体。我有一根神经直接通往大脑，我装了大约一半的尿液时，

你就产生了熟悉的"我要尿尿"的迫切感觉了。我胀到四分之三时，大脑就发出严重警报，你就再也忍不住了，如果你憋不住尿床了，瞧瞧吧，其他小朋友会怎么刮着脸皮羞你。当我胀满的时候，你就要尖叫着不顾一切地冲向厕所！好像背后有十条野狼在追赶，哈哈哈！

膀胱的容量：400~500毫升（成年人）

输尿管的长度：15~20厘米

尿道的长度：约18厘米（男性），
一厘米（女性）

消化和排泄 **膀胱**

排泄物 消化和排泄

二人成双，三人成伙，我们是成群的，不过我们肯定不是你愿意结交的那一群！我们是厕所三剑客——尿、屎和呕吐物，也许你愿意把我们叫小便、大便和吐吐。你现在是不是捂上了鼻子阅读关于我们的知识？

别怕我们臭，咱们是天天在一起的老朋友。食物和饮料进入你

人一生中要用多少卷卫生纸：约4240卷

人一生中要排出多少大便：约2865千克

尿素：在小便中发现的化学物质

的身体只有一条路，离开你的身体却有三条路！稀薄的尿液是肾脏从血液中提取出来的，每天两升！尿液中大约96%都是水分，还有带着细胞的所有化学废物和死去的红细胞。臭烘烘的粪便差不多是固体，带着食物中你无法消化的废物，而且塞满了细菌，所以它的气味那么讨厌。呕吐物多种多样，不一定是废物，可能是你的胃无法承受的食物，或者你的胃消化不了、或者你的胃得了传染病而容不下的食物，所以你会第二次看到这些食物。

★总在离开人体的三种恶臭物

★小便是草黄色的，如果水分含量少，它的颜色就变深

★大便需要日常饮食中的纤维，防止它粘在消化道里

44

坚韧的体表

  咱们一起游览一下你身体的风景区吧，这里有"平原""田野""森林"等。它们是你的皮肤、汗腺、毛发、手指甲和脚指甲，是你身体的第一道防线，你身体受到各种撞击和刮擦时，它们会在第一时间出现在战斗现场！它们不光保护你的安全，还在冷天让你保暖，在热天让你散热。哦，从头发看到脚趾，你的头发那么浓密，你的汗腺那么精巧、你的皮肤那么光滑，你的指甲那么结实，值得咱们好好夸奖它们。

皮肤

汗腺

毛发

指甲和趾甲

皮肤 坚韧的体表

柔软光滑，极其精密，我是你的弹性伙伴。我是你最精巧的器官之一。我像一件极其合身的衣服，是能够控制温度、耐穿、防水，能够自我愈合的薄膜。

我的美还不仅仅是在外表！在表面之下，我装备着许多硬件，在指甲盖那么大的一块皮

成人皮肤的重量：3～4千克

平均表面积：1.9平方米

厚度：刚出生时约1毫米，成人约2毫米

肤里，丰富的毛细血管连起来可以达到一米长，还有上千个触觉传感器、几百个皮脂腺让我保持细致柔韧。除了这些，还有微神经、汗腺和许多体毛。我大约每个月更新一次最外层的细胞，这就是说，每分钟大约要落下1万块皮屑。实际上，你身上现在就有一些死皮——想想都觉得疼哦！

★它光滑而美丽，是你最大、最重的器官
★抵抗刮擦，阻止微生物侵入
★控制体温，控制你与外界的交流

坚持不懈，宝贝！我们埋在你光荣的皮肤之下，制造让你体温稳定的液体。我完全是个散热器，你锻炼身体时尤其需要我散热！

我所制造的汗液，来自血液中的水分——血浆，所以汗是咸的。有时，我会让你黏湿，脸红，但别怕出汗。我是个很忙碌的家伙，我不仅给你散热，还能迅速排出你体内的毒素。我还喷

人身上汗腺的平均数量：200万个

人在炎热的一天产生目少汗液：约1.7升

汗液的成分：水（占98%～99%）、氯化钠、尿素和其他盐类等

出抗菌的化学物质，让皮肤免受细菌感染。所以别责备我让你汗津津的，我在尽最大努力为你效劳，虽然有点儿臭！最重要的是，你手上额外的汗腺让你能够牢牢抓住东西，不让它们从你手里滑脱。握紧材料，嗯？

坚韧的体表 **汗腺**

毛发 坚韧的体表

不要对我们吹毛求疵！没有什么比我们更愿意长得浓密、茂盛的了，我们是多么乐意覆盖你的身体。

我们几乎遍布你全身。你冷或害怕时，起过鸡皮疙瘩吧？那就对了，那是我们提高警惕站起来了呀，是皮肤下面的小肌肉

人有目少根头发：金发白种人约有13万根，黑发黄种人约有10.5万根

人每天要掉目少根头发：约100根

人头发的直径：约0.05毫米

把我们拉起来了。我们中的眼睫毛，保护你的眼睛；我们中的头发，给你的脑袋保暖。

我们柔软，但也很坚韧，我们是由角蛋白组成的，比同样粗细的铜丝强度还高呢。我们长得很慢，比如头发可以长到50~80厘米长，然后掉下来。这意味着，你的头发最多可以生长3~5年，所以你家下水道会有那么多头发堵着！没准儿，今天的头发明天就离开你的身体随风旅行去了！

★这些密密麻麻的纤维，扎根于你的皮肤中

★除了嘴唇、手掌和脚掌，全身各处遍布毛发

★毛发伸出体外的部分，是无生命的角蛋白

★你手指和脚趾上坚韧的壳
★是坚硬的角蛋白形成的扁平结构
★始终在生长，始终需要修剪

我们像很棒的小五金配件，使你的手指和脚趾末端变得坚硬有力。我们掐、挠、抠、撬、挖，反正服从你的需要，帮着你解决生活给你设置的障碍。

我们有出生也有死亡，我们是有生命的，我们的根部埋在你手指和脚趾的肉里，我们长得很慢。你看见的部分是死的，像化石一样呆板，长得又扁平又坚硬，化学成分和毛发一样。你用手指甲刮一样东西，就知道指

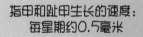

指甲和趾甲生长的速度：
每星期约0.5毫米

指甲掉了以后要4~6个月才能重新长好，趾甲则需要12~18个月

世界上最长的指甲：
美国人李·雷德蒙的指甲，7.51米长，从1979年一直留到2009年

甲有多硬了。敲敲自己漂亮光滑的指甲，敲敲我们这些小五金配件，敲出好听的节奏——噢，妙极了，叮叮叮！当当当！注意，别把我们弄脏，如果你喜欢啃我们，那可真是吃细菌的好办法，这些可怕的小妖精就藏在指甲缝缝里。哦，你该不是有咬指甲的爱好吧？

坚韧的体表 **指甲和趾甲**

敏锐的神经

　　啪的一声打开你的脑壳——坚硬的颅骨，你就会发现柔软的、黏糊糊的大脑。这有点像敲开早餐鸡蛋的蛋壳，发现它是可爱的半熟状。但关于这个聪明的"蛋"，我们还有更多的话要说。知道吗，所有充满活力的感觉都归它管？在神经元的帮助下，在大脑的协调下，脊髓告诉大脑，你身体内外感觉到了什么。多亏了这些家伙，你才知道你生活的世界（而不是你头脑中的世界）看起来、感觉起来、听起来、闻起来、尝起来是什么样的。

大脑

脊髓

眼睛

耳朵

体表

鼻子

舌头

不管我是笨还是聪明,我造就了你的本性。我支配着你的思维、记忆、梦境、希望、渴望和神秘的感觉。我像核桃一样遍布皱纹,我不太漂亮,但我是你的国王!

我的"最高指挥部"分为好几个部门。脑干是你的生命维持系统,控制着你复杂的反射活动(你的一呼一吸、吃喝拉撒等等)。小脑负责平衡和运动。竖起你的小耳朵来,我把我的核心机密告诉你,在我的核心有卵形

重量:约1.4千克(如果把水分全都挤干,它就只有283克了)

大脑中有多少个神经元:500亿~1000亿个

一生要做多少个梦:约10万个

的丘脑负责处理来自神经系统的信息,冷暖、饥饿和疼痛这些感觉归下丘脑管。为什么人有聪明和不聪明的区分呢?问问我的外层,伟大的大脑皮质先生吧,你的聪明智慧就藏在这里,它具有所有那些聪明的功能,如阅读、写作和讲话,以及令人陶醉的艺术才能!

敏锐的神经 **大脑**

脊髓 敏锐的神经

我是速度之王，我的迅速反应让你能够站稳。我潜伏在你S形的脊柱中央的空腔里。我是你体内的信息高速公路，但是我有个小秘密告诉你，我有点神经过敏！

大脑之所以知道你的各种感觉，这消息是由我这个超级情报

长度：43~45厘米

脊髓中的神经元数目：约10亿个

一般的反应时间：150~300毫秒

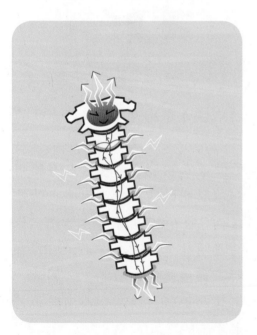

员传递的。神经信号嗖嗖地穿过我的全身，像微弱的电脉冲，迅速警告大脑，有什么迫在眉睫的危险。大脑快得像闪电一样发出命令，让你移动。是我促进了你在生活中的反应，所以你骑自行车快撞墙时能及时刹车。我让你避开麻烦，这不一定非得要大脑帮助，比如说，你就要把手指头伸到沸水里去了，单靠我就能让你缩回手，免得烫伤。这完全像通电一样快！我都佩服我自己迅捷的反应能力！

★充满活力地沟通你的身体和大脑
★像蜈蚣的脚一样伸出很多神经纤维
★年轻人的脊髓反应是最快的，然后随着年龄的增长而变慢

★一个仿佛是填满了果冻的家伙，给你三维彩色视觉

★眼泪能够清洁眼球表面和眼角的污垢

★人眼能分辨10万～1000万种颜色

人们说我是"心灵的窗户"，一点不错，耳听为虚，眼见为实，我是你可以信服的感官！"有眼光""高瞻远瞩"这些话夸的就是我呀，我给你带来了世界的缤纷和辉煌。当你看见宏伟的场景大声欢呼时，多亏你有我！

我的工作原理有点像照相机，但我除了对焦和按快门还能做很多事。多亏了六种精巧的肌肉，眼球才能转来转去，看到四周（你要是把眼睛瞪圆，效果就更好了）。我的黑色中心——瞳

孔，实际上是个小孔，而美丽的彩色虹膜是一种肌肉，我用它来控制进入眼睛的光量。虹膜背后的一块凸透镜（晶状体），把光线聚焦于我黑色的投影屏——视网膜，而且立刻形成一幅倒着的画面（嗯，在这方面谁也不是完美的）。幸好，大脑纠正了这倒影，于是你不会觉得你面前的人是头朝下站着的！

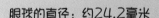

眼球的直径：约24.2毫米

眨眼睛的平均间隔时间：2.8秒

眨一次眼睛的时间：0.1～0.4秒

敏锐的神经 **眼睛**

耳朵 敏锐的神经

掩耳盗铃的成语故事你知道吗？我们耳朵是鼎鼎大名的故事主角，演技非凡！我们有传递声音的完美线路！你觉得很神奇吧！我们长在外面的两扇东西，那上面的沟槽和突起可不是摆设，有大用！相信我，我最奇怪的部位在耳朵眼儿深处。仔细听，我会一五一十告诉你。

当有声音出现时，我那壳子

人体内最小的骨头（镫骨）：长约3毫米

耳蜗里有多少根绒毛：
内毛细胞约有3500根绒毛，
外毛细胞约有12000根绒毛

人类听觉的范围：
20赫兹～20000赫兹

似的部分把空气中的振动反射到耳朵眼里，敲击一面小鼓——耳膜，它是耳朵眼里紧绷着的一小块皮肤，它又把振动传给你体内三块小骨头——锤骨、砧骨和镫骨。这些打击乐爱好者再把声音传给耳蜗，这是一根充满液体的管子，每次振动都在这液体中激起小小的涟漪，让微绒毛颤动，于是神经信号就被传给了大脑，大脑把这信号解释为声音，让你觉得听到了什么！

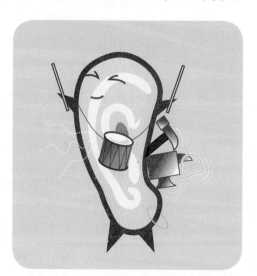

★这柔软的家伙善于捕捉空气中的振动，让你听到声音
★既能识别声音传来的方向，也能识别声源的远近
★耳朵深处的通道充满液体，有助于你维持平衡

★这里有超级敏锐的压力、温度、质感和湿度检测器

★痛觉会在你皮肤上扩散，警告你有危险

★科学家把体表的感觉叫"体觉系统"

你觉得疼吗？热吗？冷吗？……这都是因为我的敏感。我和皮肤一起辛勤工作，我们的感觉扩散到一个由复杂的传感器、感受器和触发器构成的网络上。哦，别戳我！我会让你扭动、痒痒、坐立不安。

有时候我会很紧张，但这也是为了你好。在你皮肤上没有毛发的部分，有非常敏感的传感器，如果你太靠近有可能伤害你的东西，它们马上会大惊小怪起来，并且在第一时间检测到最

人手上有多少个感受器：约17000个

人身上敏感的部位：指尖、嘴唇和舌尖

人身上最迟钝的部位：后背中央

轻微的触摸，向大脑发送预警信号。更神奇的本领我还有呢，我拥有更深层的压力感受器，能对重压做出反应。这些都有助于你确定你接触的物体有多硬。多亏了这些伙计，你拿东西的时候知道自己该用多大的劲，如果是一块石头，你可以用很大劲攥住它，如果是一个鸡蛋，你就要小心了。哦，感觉真美妙，感觉万岁！

敏锐的神经 **体表**

鼻子 敏锐的神经

什么？你叫我什么？酒糟鼻？鹰勾鼻？塌鼻子？哇，这么叫多不尊重我啊！在我内部深处（你用手指头抠都抠不到的地方）有一小块地方，布满了化学传感器。要是没有这些传感器，

打喷嚏时的气流速度：
约30米/秒

人鼻子里的嗅觉感受器有多少个：
约1200万个

猎犬鼻子里的嗅觉感受器有多少个：
约40亿个

你就什么气味都闻不出来，就不知道食物有多香。我能做的还不止这些。我的许多小绒毛能挂住脏东西，不让它们进入你体内。我还分泌黏液把这些脏东西粘成一团，扑味，它们早晚会随着鼻子的呼吸掉出来。

★你对气味的感觉就是嗅觉
★鼻子是个傲慢的角色，以其嗅觉出名
★是它让你在尝到食物之前就开始流口水

★有16块肌肉的杂技演员

★帮助你流利地讲话

★如果被难闻的细菌覆盖，就会让你的嘴巴里臭臭的

好吃的来喽！快让我先尝尝味道是酸是甜是苦还是辣，让我来告诉大脑，你吃的是牛肉拉面还是麦当劳的鸡腿。在我的表面覆盖着几千个小小的突起，叫"味蕾"。我派我的这些小家伙检测食物的甜、酸、咸、苦和鲜（类似肉味的美味）。但是，嗨，我还没说完呢，让我伸出你的嘴巴，秀秀我的身材有多么灵活，扭一扭，转一转，左边三下

舌头上有多少个味蕾：约9000个

味蕾的高度：0.05~0.1毫米

每个味蕾上有多少个感受器：50~150个

右边三下。哦，我的肌肉结构真棒，我在你嘴里搅拌食物，还让你流利地讲话，哇，一串串笑话从我的舌尖蹦出来，像滚滚长江的流水——哇！在这方面，我可牛了，谁也比不上我！

敏锐的神经 舌头

淋巴、免疫和激素

　　它们真是世界上最棒的清洁工，还是些神奇的魔法师。它们秘密地在你的身体里工作。它们勤劳地清理老化细胞，扫除废物，消灭毒素、污染物和入侵的微生物。别嫌它们多余，这些脏活儿累活儿总要有人干的吧。它们像所有其他服务于人体的伙计那样，都是人体必不可少的。比如淋巴细胞吧，它们与传染病战斗，也能预防疾病。在不可思议的淋巴系统中，这些伙计手拉手战斗，保持你体内的活动井井有条，让你健康长寿。淋巴系统不像循环系统，没有心脏这样的泵，淋巴液滑溜溜的，靠肌肉收缩的一点点动力，在小小的淋巴管中流动。加把劲哟，伙计们！

淋巴液

淋巴细胞

脾脏

激素

胰腺

腺体

★和血浆有相同盐分的体液
★带着淋巴细胞流遍全身
★有自己的管道系统，但没有像心脏那样的泵

湿漉漉的我踩着滴答滴答的脚步来了，我是真正的液滴！伤口在流血之前先流出我这苍白的液体。我流淌在你身体各种组织之间，为细胞提供清洁服务。

我是由水、血浆和白细胞组成的。血液经过毛细血管时，我被过滤出来，进入我自己的淋巴管道。我在你细胞周围流来流去，清洗废物和细菌。我带着淋巴细胞流动，淋巴细胞寻找一切入侵的微生物与之战斗。我的淋

巴结像边塞，微生物刚刚入侵，就在这里遭到了我淋巴细胞的狙击，这时淋巴结会肿起来，摁着会疼。完成任务后，我的淋巴液流回你的血液，流回你的胸腔。要是不能完成任务，微生物可就要顺着淋巴管长驱直入了，你可就危险喽……

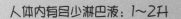

人体内有多少淋巴液：1～2升

人体内有多少淋巴结：约500个

淋巴结有多大：直径1～20毫米

淋巴、免疫和激素 **淋巴液**

淋巴细胞 淋巴、免疫和激素

前进！前进！向前进！我们唱着军歌，大踏步地行动在你的身体里。我们是经过严格训练的特种部队，追捕入侵你血液的微生物，和那些鬼鬼祟祟的小妖

你体内有多少种白细胞：5种

B细胞和T细胞合称：淋巴细胞

健康人的白细胞含量：
每毫升血液中含400万～1100万个

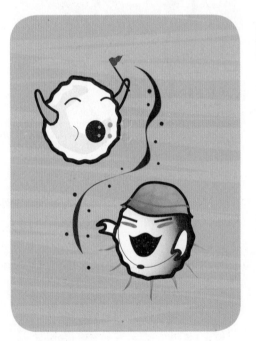

精们——细菌、病毒、寄生虫。我们中的B细胞负责总巡逻，认出它以前遇到过的外来者，用它的抗体标记这些外来者，然后我们中的杀手T细胞赶来，尽力消灭坏蛋。

★预防疾病的两种白细胞

★产生抗体，锁定微生物，将它们中和

★让你对微生物产生抵抗力，也就是说有免疫性

★你免疫系统中柔软的、紫色的清道夫

★这是一大团淋巴组织，在膈膜的左下方

★储存了大量血液，号称"人体血库"

路过我可别假装不知道我是谁，我天天在为你做值日！我是淋巴器官，我清除淋巴细胞在战斗后留下的所有残骸和废物。这其中有消耗了许多抗体的寄生虫和失去了战斗力的细菌，但还不止这些！我遇到衰老的红细胞，就清扫它们。与此同时，我储存了你体内一半的单

成年人脾的大小：长约11厘米

成年人脾的重量：约150克

在体内的位置：
在第9根和第12根肋骨之间

核细胞（一种对付传染病的白细胞）。我是暗红色的，这是因为我储存了大量血液，其他器官缺血的时候可以从我这里得到紧急援助！

淋巴、免疫和激素 **脾脏**

激素 淋巴、免疫和激素

我们这帮伙伴整天忙忙碌碌跑腿打杂，体内的化学物质全靠我们来当信使。我们是腺体分泌出来的，穿梭活动于你的身体中，刺激和调节各种各样的活动。

你需要更旺盛的精力吗？我们知道从哪儿得到它。感觉到环境的压力了吗？我们知道解决

人体内有多少种激素：50~100种

甲状腺激素：调节新陈代谢

肾上腺素：提高心率和呼吸频率

问题的窍门。青少年和孕妇脾气不好，人们觉得这是他们的激素造成的，责备我们没尽责，可也得看看我们做的好事啊。我们调节你的新陈代谢，还是你身体能量和睡眠模式的总管。知道你的身体是如何增加细胞的吗？知道你是如何长大的吗？那全都是我们一手办理的，是我们帮助你成熟起来，成为一个大人的哟。我们干了那么多好事，你偶然因为大发脾气而怪到我们的内分泌系统，哦，那我们真是太委屈了！

★调节你的新陈代谢，控制你的生长
★它甚至能支配你的情绪，有时让你发脾气！
★它和腺体都属于内分泌系统

说来我自己都不爱照镜子，因为我长得像袜子（尽管没有小孔和臭气），但我是酶工厂的厂长，我厂生产那些能够消化碳水化合物、蛋白质和脂肪的酶，你能胡吃海喝离不开我的帮助。

我分泌的胰液，含有大约15种强大的化学物质，让你能够迅速消化汉堡包和炸马铃薯条。胰液通过我的胰管进入小肠。我除了能消化食物，还有一个重要任务，就是调节你的血糖含量，血糖太多，心脏和肾脏受不了，血糖太少，大脑就变得懒洋洋。我分泌的胰岛素和胰高血糖素，是对手又是朋友。胰岛素让肝脏储存多余的糖分（是你大吃大喝之后进入血液的），而胰高血糖素让肝脏释放它的库存（这时肯定是血糖含量太低了）。嘿，它们是我的激素英雄！

重量：约0.1千克

长度：约15厘米

每天分泌多少胰液：约1.5升

淋巴、免疫和激素 **胰腺**

腺体 淋巴、免疫和激素

我们叫腺体，长得软软的，湿湿的，整天快快乐乐的。我们不太好看，但在司令——脑垂体的严格管理下，我们规规矩矩做好自己的事情。

先说谁管你睡觉的吧，是我们中的那位小小的松果腺，只有米粒那么大，深深地藏在大脑

松果腺有日长：5~8毫米

甲状腺有日重：10~30克

人体内重要的激素有日少种：约67种

里，这小得出奇的小天才，分泌褪黑激素，让你从睡眠到清醒有规律地循环。另外那位蝴蝶形的甲状腺藏在你脖子里，督促细胞更快、更努力地工作。至于那位肾上腺呢，说来话长了，它像戴在肾脏上的帽子，在你恐惧时分泌肾上腺素，在你激动时分泌皮质醇。脑垂体是其中最神奇的，它管你的长个儿，还影响其他腺体的活动，它是真正的总指挥。它的形状就像一颗小豆子，安安静静地住在你的大脑里。

★你内分泌系统的软软的中坚力量

★产生激素，将它们释放到你的血液中去

★脑垂体操纵着这一幕，它们直接听命于大脑

64

生物

　　你以为生物学就是骨头架子和标本缸吗？才不是呢，这门学科是生动活泼的。你蹲在家门口看蚂蚁搬东西的时候，就开始研究生物学了，以后还会认识很多动物、植物及各种离奇古怪的生命体，它们绚丽的外表下藏着好多秘密呢，你会看到长得小小的细胞、蛋白质、DNA……生命是奥妙无穷的，地球上有150万～3000万个物种，什么都有可能发生。人们一般对大的动物比较熟悉，可世界上还有爬虫、微生物……等着你去了解呢。如果你这方面的知识还是一片漆黑，就请打开这本书吧。

　　你知道查理·达尔文这个大科学家吗？他提出了一些极其惊人的见解——物种（比如说人类、鸽子和水仙花）可以随着时间改变；这个世界有激烈的生存竞争，蜣螂在吃大粪，狮子在吃野牛，同类可以自相残杀，要想生存，必须适应环境，这叫"适者生存"；当环境变化时，生存能力最强的物种活下来，再进入下一轮竞争，这叫"自然选择"。达尔文的理论完全改变了我们对世界的看法。真理就是这样，既简单，又深刻。

查理·达尔文

基本成分

　　这是一群小不点儿，非得用显微镜才能看见，可就在它们中间，蕴藏着生命的秘密！地球上的每种生物都靠它们提供动力。在这群小不点儿里，细胞算是老大了，其他小不点儿都生活在它的体内。有些家伙本来是独来独往的，比如线粒体，几十亿年前，它跟谁都不搭伴儿，自己就是一个细菌，可现在，这些小家伙都在细胞内结了盟。这个组织的军师是脱氧核糖核酸，小名叫DNA，待在一个叫"细胞核"的指挥部里，保管着一份秘密图纸——控制生长发育的基因。生物活着，就是为了把这图纸代代相传。

细胞

线粒体

DNA

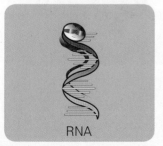

RNA

核糖体

酶

★细胞是原生生物、真菌和动物生命的最小单位

★你的身体大都是由细胞组成的，这些小家伙对你很有用

★每个细胞都是一个专家，有自己特殊的使命

嘿嘿！我们是鼎鼎大名的细胞！我们干的事，你帮不上忙，但你可以爱我们呀。你身上好多地方都是我们组成的，我们对你忠心耿耿、全心全意。当然了，我们离开你也活不下去。我们在你身上有多少个？那得用百万亿来计算。还有很多小东西是我们的朋友。你走路、吃饭、思考、感觉……都离不开我们。必要时我们还可以为你英勇赴死。

我们是一些滑溜溜的袋子，

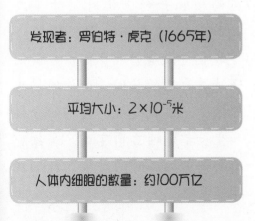

发现者：罗伯特·虎克（1665年）

平均大小：2×10^{-5}米

人体内细胞的数量：约100万亿

每个袋子都热闹非凡，里面有上亿个分子穿梭来往，比蜜蜂还忙。我们还有化工厂，生产的产品达到两万种，全是生命必需的物质。我们最惊人的绝活，是把自己一分为二，每个还完整地保持以前的全部功能。靠这个本事，我们虽然只有几百种，却构成了你的整个身体。

基本成分 **细胞**

线粒体 基本成分

我们简单得不能再简单了，却总在全速运转。我们是细胞里的能源工厂，让食物分解，生成一种超级燃料，它的大名叫三磷酸腺苷，小名叫ATP。细胞需要动力的时候，我们就把ATP砸碎，释放出一股股维持生命的能量。这些能量用起来的时候，一点儿也不浪费，没用完的，可以

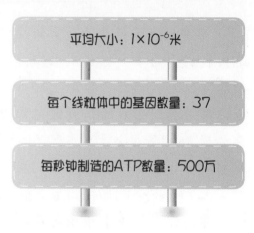

平均大小：1×10^{-6} 米

每个线粒体中的基因数量：37

每秒钟制造的ATP数量：500万

回收到新的ATP中。

我们这些尖脑袋的家伙，其实是寄居在你体内的。科学家们认为，我们本来是细菌，在动植物开始进化时，才下决心加入细胞内部的管理团队。可我们并没有归顺你们——我们保持着自己的基因，由你的妈妈传给你。这就是说，我们的分裂和生长都是独立自主的。当细胞需要更努力工作的时候，我们就疯狂繁殖。

★这是微型火箭，为你的身体运载能量
★这是小小电站，在每个细胞里不停地运转
★这是你身体里的房客，带着它自己的DNA

别因为我长得歪歪扭扭就嫌弃我，瞧我从头到脚的曲线多么优美啊！我还很博学，说出来吓你一跳，在我优雅、蜿蜒、扭来扭去的身体中，藏着生命本身的秘密！

我是细胞里的图书馆，又叫"基因组"。要想借书得先钻进细胞核。这儿的藏书叫"染色体"，有46本，不多吗？可每本书都厚得出奇，每一页都是一个基因，是你生命特征的密码，你的头发是金色还是黑色，你的眼

睛是大还是小，你对疾病的抵抗力是强还是弱……都写在里面。这是生命之书，文字就是分子，环环相扣组成螺旋链。

奇怪的是，一个人的DNA大都是废物。换句话说，在每个人的DNA中，有99%的成分是和别人雷同的，让你与众不同的只是1%。

发现者：弗里德里希·米歇尔
（1869年发现）

人类基因的数量：20000~25000

体内DNA每天被破坏的次数：10000

基本成分 **DNA**

RNA 基本成分

我的大哥DNA光彩照人，可是我呢，永远生活在它的阴影里，多么不公平呀。凭什么？DNA只不过保管着生命的秘密，就吸引了那么多眼球，我才是真正干活儿的人呀！

我忙得要命，不像DNA整天坐在那儿无所事事。我可以自由进出细胞核，有这通行证的分子

发现时间：1939年

平均大小：3.5×10^{-7}米

使用RNA的病毒：
逆转录酶病毒，如艾滋病病毒

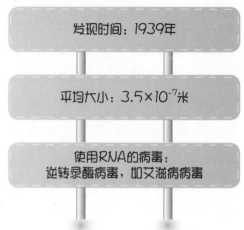

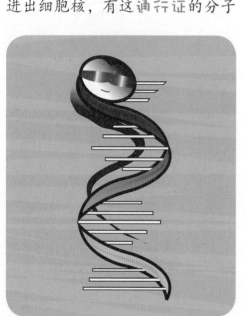

可不多，我想去哪儿就去哪儿，就像个出卖情报的间谍。嘿嘿，我悄悄地拷贝了DNA的基因手册，在细胞里到处散发。

我把DNA的双螺旋折成两股，再摇身一变，就成了它们的样子，和其中一股配对，然后在细胞内的主破译师——核糖体的帮助下，按照基因手册的指示，制造身体活动需要的分子，瞧瞧我多能干吧。

★一个行踪不定的神秘角色，在幕后操纵着生命
★其结构类似DNA，但不是由两条螺旋链组成的
★它的大名叫"核糖核酸"

我们是能工巧匠，制造了你的细胞所需的蛋白质。也许你以为这没什么了不起，其实我们干的活可不简单。无论DNA吩咐什么，我们都能照办，只有我们这些家伙读得懂它的古老基因密码。人们常把我们叫"蛋白质工厂"，其实我们不是大企业，只是精巧的小作坊。

蛋白质链条是由一个个氨基酸的小环组成的，这些氨基酸如何排列，又是DNA说了算的——DNA中的每个基因有一份氨基酸

发现者：
乔治·帕拉德（20世纪50年代）

大小：25×10⁻⁹米

每个细胞中有多少个核糖体：
大约15000个

顺序名单，它们派出了RNA这个工头，RNA把氨基酸名单复印出来，离开细胞核，来到我们的作坊发号施令，然后在我们的生产线上，氨基酸按照严格的顺序被装配起来，成为蛋白质。要说蛋白质有什么用处，我告诉你哦，你的大脑、肌肉、酶，都是蛋白质。

基本成分 **核糖体**

我们是身体的建筑工。有的建筑工专门盖楼，有的负责拆迁，丁零当啷把一切砸个稀巴烂。我们也是这样，有时合成物质，有时把物质分解成原始成分。整个身体都归我们管，我们大多数在细胞里上班，但也有一部分在胃里干重要工作。我们还被混在口水中，帮助牙齿软化食物。

凝血酶：让血液凝固的酶

淀粉酶：消化土豆或面包中的淀粉的酶

在工业上：可用于制造奶酪、啤酒，还能添加到洗衣粉中

我们不想把自己的手弄脏，所以引起化学反应时，不会把自己卷进去。组成我们的是缠绕的蛋白质，我们每个成员都有独特的形状。我们还是锁，只有特殊分子的钥匙才能打开。"各就各位，预备……"等要发生反应的分子都站好了队，我们就施展魔法，新物质就产生了。我们的形状取决于我们的结构，DNA图书馆中储藏着我们每个成员的蓝图。

★这是促进新陈代谢的蛋白质机器
★它们精通"消化"的魔法，把食物分解成简单的化学物质
★约有2709种酶在人体内工作

生命

　　我们这些生命处处显神通，从显微镜下的小小细菌，到高大茂盛的松树，生命的种类多得你数都数不清。但生命都在做同样的事——吸收营养，利用能量，生长发育，产生变种……

　　科学家们用了几千年来解释"生命"这两个字的意思，后来，生物学家发现，生物有五种基本类型，叫"五界"——动物界、植物界、真菌界、原核生物界和代表其他小生物的原生生物界。

　　现在就让我们开始生命之旅吧！

病毒　细菌　原生生物　真菌　无种子植物　针叶树　有花植物

无脊椎动物　水母　蠕虫　节肢动物　昆虫　软体动物　海星

鱼类　两栖动物　爬行动物　鸟类　哺乳动物

病毒 生命

我是肉眼看不见的小妖精，施展隐身法潜入生命体，让你们大难临头。所有的生物都把我当成死神，闻风丧胆。不过有时候我只是个讨厌鬼，让你得个感冒，出个水痘，起点儿唇疱疹，莫名其妙地呕吐什么的。我心情不好的时候可就翻脸不认人喽，能带来流行性感冒、麻疹，甚至

大小：$25×10^{-9}$～$300×10^{-9}$米

已知的病毒种类：5000种

官方宣布已经灭绝的病毒：天花

可怕的艾滋病。我知道，我是最不受欢迎的客人，败坏你的身体，劫持你的细胞，把这些都变成我的奴隶。

我这个小土匪——披着蛋白质外衣的DNA或RNA，没法更简单了，好歹也算个生物吧。我不吃，不长，无法自我复制，但我可以奴役细胞，让它们为我做这些。当心我的化学伪装，你会把我当成朋友而不是敌人。不过，算你走运，你的T细胞和免疫系统中有一些成分，可以让我滚蛋。

★能够侵入细胞的DNA或RNA
★地球上最小的生物之一
★可引起多种疾病，包括普通的感冒

★ 小小的单细胞有机体，几乎无所不在

★ 制造世界上某些最严重的疾病的罪魁祸首

★ 这些小不点儿已经有大约35亿年历史

我们的口号是：简单＝成功。在生命诞生之初，我们简简单单的，就活得很好。我们信奉知足常乐，我们是一小包一小包化学物质，不像别的细胞那样全副武装，嘿嘿，够用就行了。不是吹牛，我们无所不在，地下3千米的石头上也有我们长出的毛毛，我们给装核废料的罐子降温，能活在沸腾的泥浆里，哪怕被你们发射到外层空间也能生存。不过我们最怕的一招，是你们用加了漂白剂的热水冲我们！

你可能看不见我们，但离开了我们，世界就没有生机。是我们回收了所有废料，还让土壤肥沃，我们排出的氧气和树木排出的一样多。信不信，你肠子里有1千克我们，我们还有上万亿个兄弟分布在你的皮肤上——哇！比地球上的人口总数还多。

所有细菌的总重量：
是人类总重量的150倍

最早记录观察细菌的人：
安东尼·列文虎克

细菌引起的疾病包括：
霍乱、黑死病、肺结核等

生命 细菌

原生生物 生命

不是我们倚老卖老，几十亿年前，我们有些成员就聚在一起了，这就是最早的植物、动物和真菌。但我们大多数是独行侠。动物和植物细胞中的装备，比如线粒体和核糖体，我们基本上也在用，但我们只想活成单细胞的样子，不要那么复杂的身体。别把我们和细菌混为一谈了。

我们的外号可不少——阿

平均大小：0.01~0.5毫米

最致命的原生生物：
疟原虫（它引起的疟疾每年害死100万人）

原生生物引起的其他疾病：昏睡病、痢疾

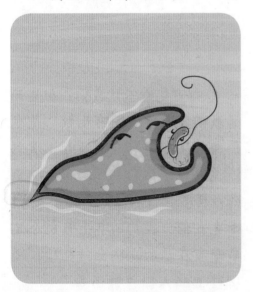

米巴虫、水藻、原生动物……我们当中有些成员活得像植物，用太阳光制造营养，还有一些是机灵的猎手，在黏液里追捕细菌，用带倒钩的刺扎住它们，有些呢，两样本领都会。说起我们的运动方式，羡慕得你直咂嘴。我们用螺旋形的尾巴推进，一路划着纤毛（用显微镜看就像你的头发），也有的伙伴只是反复折叠身体，朝一个方向移动，你们管这叫"蝶泳"。

★这是单细胞生物
★比细菌大几百倍
★既不是植物也不是动物，是中间派

我知道自己有点讨厌，但你不能连正眼也不瞅我——我可有自己的地盘。尽管这样，我跟植物和动物相比还是微不足道的，你们给我起的名字真不怎么样——什么"死人的手指头""死帽子""恶臭"，谁听了都要捂着鼻子和嘴巴逃走。唉，没办法，谁让我天生就有毒。

如果你在潮湿的森林里冒险，那你最容易找到我，这里到

处是毒草和蘑菇。这些小东西只是冰山的一角，我通常是由很多很多看不见的菌丝组成的，到处蔓延，覆盖成很大很大的一片。

其实我也有优点，我是大自然的清洁工。我酷爱死尸和一切腐败的东西，慢慢地享用它们，先把它们变得黏黏的，再把它们吃个精光。

用真菌做的食品：
蓝纹奶酪、啤酒、面包

最大的真菌：约900万平方米
（美国俄勒冈州的蜜环菌）

真菌引起的疾病有：脚气、癣

生命 真菌

无种子植物 生命

瞧一瞧，看一看啦，选美大会开始了。什么？你说我们长得丑？太不了解我们了。我们都有叶绿素，用太阳光制造营养。我们身上是没什么可炫耀的，不如花朵娇艳，不如水果美味，有些连叶子和根都没有，可地球离不开我们。

瞧一瞧，看一看啦，我们这群古老的植物有多少类型：海藻

最大的蕨叶：王蕨（king fern，9米长）

长得最快的海藻：巨藻（每天长1米）

海藻食品：
莱佛面包、爱尔兰藓、琼脂果冻

的家在海边，别以为它总在做日光浴或冲浪，它一会儿被晒干，一会儿被淹没，给折腾得够呛，一天要折腾两次呢！再看苔藓和它扁平的伙伴地钱子，它们是最早的陆地植物，大约4亿7500万年前就来了。可1亿7500万年后，蕨类植物的森林覆盖了陆地。我们生儿育女的过程可不简单，不像有花植物靠花粉传播，并且我们播撒的不是种子，而是孢子，它会长成新的植物。

★这是一类古老的植物，靠孢子扩大地盘
★包括蕨类、苔藓和海藻
★是最早生活在陆地上的植物

我们是最大、最坚强和最长寿的植物。人们在圣诞节把我们摆在客厅里，还把我们当成品行高洁的象征。没错，整个冬天，那么多有花植物掉光了叶子，蔫头耷脑，我们的针叶却精神十足。不是吹牛，再厉害的暴风雪也打不垮我们，因为我们的侧面又斜又光滑，沉重的雪块可以顺着它滑下来。我们的树干长得很快，可以劈成木板，我们的木头还可以碾成浆，用来造纸。

我们都是硬骨头英雄，在

最高的针叶树：海岸红杉（115.2米）

最粗的树干：蒙提祖玛柏（直径11.42米）

最老的针叶树：大盆地狐尾松（4700岁）

严寒中坚强不屈，在贫瘠的土壤中、狂风呼啸的高山上，都能挺住。我们的叶子又尖又硬，外表还有蜡，不容易干燥、冻结。谁能受得了这样的干燥、寒冷？瞧我们，我们的球果才真正显出英雄本色，大约3亿年以前，我们就生长进化出了种子，并把种子藏在球果里。

生命 针叶树

有花植物 生命

咚咚锵！咚咚锵！我们来了，闪亮登场！我们来之前的世界沉闷乏味，针叶树板着脸、从来不换发型和服装，无种子植物都穿着单调的绿色和褐色衣服。瞧瞧我们，多么花枝招展！哇，我们才是真正的小精灵——给地球带来了缤纷色彩。

学名：被子植物

目前所知的最古老的花：
辽宁古果（1亿4500万年前）

最大的有花植物：杏仁桉（高达125米）

要画画，找我们当模特儿准没错，我们五颜六色的花朵和香味吸引了动物们，我们也欢迎它们来访，这样可以托它们捎一些花粉给邻居。不过我们中有些成员，让风吹弯腰就满足了，风也能帮我们传播花粉呢。对人类来说，我们也很重要。你们有很多食物都离不开我们——小麦和稻米、玉米和燕麦、大多数蔬菜、豌豆和扁豆、菜油、水果和坚果等。还有，我们为你们的衣服贡献了棉纤维。

★天生是美的使者，给世界带来花朵、花粉和果实
★大多是五颜六色、香喷喷的，且一辈子都是昆虫的朋友
★成为地球上植物界的霸主已有1亿3000万年

也许你觉得我们没有脊梁骨，软趴趴的，头脑简单傻乎乎的，可我们统治着世界。在地球上所有的动物物种中，我们占了97%。你们这些大骨架们算什么。

我们包罗万象，从小小的海洋浮游生物到巨大的乌贼，你们能有几条船的长度比得上我们中间的"海怪"？在海洋无脊椎动物中，有柔软的水母、滑溜溜的蠕虫……千奇百怪。我们中的一些成员，比如蛤和海星，武

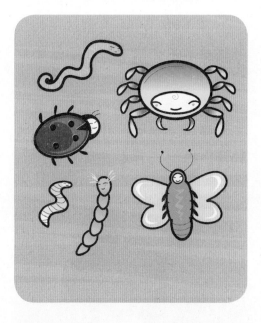

跳得最高的：吹泡虫
（跳起来的高度相当于身高的70倍）

举重冠军：独角仙
（能举起相当于体重850倍的东西）

跑得最快的：美国蟑螂
（每秒跑动距离相当于身长的50倍）

装在壳子里，可不好对付了——这也是为了生存。我们最大的群体是披盔戴甲的节肢动物。就凭块头，我们也能轻而易举地打败大多数脊椎动物——就算我们没有四肢（我们当然没有啦）。我们还有打遍世界无敌手的"飞毛腿"、跳高能手和举重健将。哦，酷吧！

生命 无脊椎动物

水母 生命

　　我们身上98%是水汪汪的，可这些水不会滴下来，绝活吧？因为有了这些水，我们才修炼成"隐身"大法。我们有些成员尾巴上还有毒刺呢。你要想看到我们呀，最好的机会是我们在繁殖

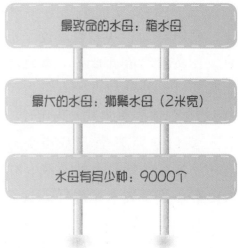

最致命的水母：箱水母

最大的水母：狮鬃水母（2米宽）

水母有多少种：9000个

期挤成一堆的时候。嘻嘻，如果有一天你愿意到深深的、黑暗的海里拜访我们，我们会发光给你当"路灯"。我们中有些成员选择安定的生活，比如几十亿个珊瑚虫挤在一起，形成巨大的珊瑚礁，宇航员在太空里都能看见！

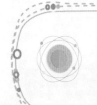

★长得像个环，触须漂呀漂，可惜没脑子，成天稀里糊涂地瞎晃

★一张嘴又吃又拉

★海蜇、海葵和珊瑚都是水母一伙儿的

我们得面对现实，过不起太讲究的日子，就凑合着吧，不管住哪儿我们都高高兴兴的。我们没有脊椎，在水里长得最大，不过我们当然也可以在土壤里蠕动。如果你非常不走运，我们也可能在你的肠子里或血液里蠕

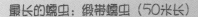

最长的蠕虫：缎带蠕虫（50米长）

蚯蚓的数量：每平方米土壤中多达500条

一条蚯蚓有多少节：150节

动。在很多不适合居住的地方都可以找到我们，即使是在被海底火山烧得咕嘟嘟冒泡的水里。

生命 蠕虫。

节肢动物 生命

欢迎来到节肢动物的时代！这个星球上超过84%的动物，属于我们不可思议的无脊椎大家庭。5亿多年前，在海底某处，我们从蠕虫开始进化。顾名思义，我们的脚是一节一节的，还有些有好多好多只脚。我们大多数是昆虫，有六只脚，不过我们觉得有

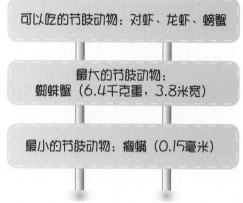

可以吃的节肢动物：对虾、龙虾、螃蟹

最大的节肢动物：
蜘蛛蟹（6.4千克重，3.8米宽）

最小的节肢动物：瘿螨（0.15毫米）

点不够用，想想千足虫吧，人家起码比我们多200只脚呀！

我们的身体都是一节一节的。不像脊椎动物把身上的软东西都挂在一副骨头架子上，我们有一身盔甲保护着内脏，它叫"外骨骼"。我们还有触须，这可远远不止是触摸的工具，我们的有些物种还能用它闻味儿呢！我们看世界也和你不一样，比如说蜘蛛，它后脑勺上也有眼睛。神吧？你的后脑勺有眼睛吗？

★ 这些爬行的虫子骨头在外面，不在体内
★ 其中有蜜蜂、蜘蛛、蝎子和偏头偏脑的虾、蟹等
★ 它们先在海洋里进化，后来又成为第一批登上陆地的动物

★ 这是六条腿的节肢动物，几乎哪里都有

★ 在已知的动物物种中，四分之三都是昆虫

★ 已经发现的昆虫超过100万种，还有新物种不断被发现

我们是节肢动物中最多的一伙，是统治者。昆虫万岁！我们主宰着空气和陆地，咸咸的海浪是我们唯一无法兴旺的地方，不过我们正在朝它努力！

别以为我们就是吵吵嚷嚷的黄蜂，破坏你的郊游和野餐；我们也不光是翩翩起舞的蝴蝶，绕着花园飞来飞去。我们还有很多很多成员：甲虫在泥巴里辛勤工作，蚂蚁在地下忙忙碌碌，蟑螂在打扫垃圾……

告诉你我们成功的一个秘

最重的昆虫：巨沙螽（70克）

未发现的昆虫物种：估计有3000万种

最容易被忽视的致命昆虫：
传播疟疾的蚊子

密：我们的孩子受到了特别的关照，除了吃和长大，什么都不用操心。我们小时候有点儿像蠕虫，肉乎乎的，你管我们叫"蛆""毛毛虫"，可时候一到，我们自然就会变成绚丽的成虫，去找一个伴侣结婚过小日子，生儿育女把种族延续下去。

生命 昆虫。

软体动物 生命

我们尽最大努力做出坚强不屈的样子，可我们其实是很软很软的。你不一定总会那么容易看出我们的亲缘关系——蜗牛、牡蛎、贝壳和河蚌都是我们家族的

最大的软体动物：巨乌贼（14米）

最致命的软体动物：蓝环章鱼

最大的贝壳：巨蚌（137厘米）

成员。有些用黏糊糊的网在水里过滤食物，有些用一种有齿的小刀——齿舌，积攒食物。较大的（也是较有头脑的）软体动物有章鱼和乌贼。

★这软乎乎的一伙，大约有128000个物种，主要生活在海里

★陆地上的软体动物只有鼻涕虫和蜗牛

★很多软体动物天生就有房子，就是它们的保护壳

★有一套多刺的、钙化的骨架，有点儿像骨头
★成年海星把有力的管状足当成水泵，喷出水来让自己前进
★海星宝宝在水里自由游动，成年海星则通常固定在海底

亲爱的，原谅我们，VIP（贵宾）先通过。我们是海里的明星，我们的手腕上镶着像宝石一样璀璨夺目的小刺，我们给海底沉闷的岩石和沙子带来了色彩。我们非常特别，可以变颜色。哎呀呀，有什么讨厌的动物咬掉了我们的手！别担

海星有多少个腕：
通常5个，有的也多达40个

有毒的海星：棘冠海星

最重的海星：学名叫Thromidia catalai（约6千克）

心，马上又会长出一只来。在我们棘皮动物这个大家族里，有浑身长刺的不好惹的海胆，也有好脾气的海参。

生命 **海星**

鱼类 生命

5亿年前我们震撼出场。我们是第一批有脊椎的动物，从那时到现在，一直在水中战斗。

从深深的海洋到江河溪流，还有被水淹没的洞穴，都能找到我们的身影。我们是世界上顶尖的游泳队——基本上每位队员都有一种气囊，叫"鳔"，它让

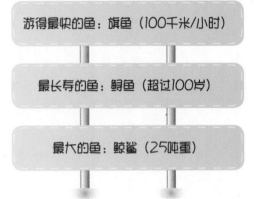

游得最快的鱼：旗鱼（100千米/小时）

最长寿的鱼：鲟鱼（超过100岁）

最大的鱼：鲸鲨（25吨重）

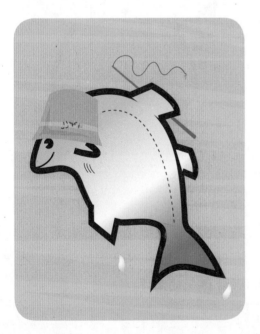

我们漂浮在水里。我们没有腿，只有鳍，不过我们当中有少数另类，能在岸上打滚，有些甚至可以飞呢！

我们的骨骼通常是由细细的、尖锐的骨头组成的。小心点儿，它们也许会卡住你的嗓子眼。但有一类以鲨鱼为首、臭名远扬的凶鱼，几乎没有骨头，因为它们的骨头像橡胶一样，是软骨。小心别落到它们的嗓子眼里去啦！

★这是脊椎动物中最大的群体，大约有25000个物种

★它们在水下用鳃呼吸

★其中许多物种因人类的过度捕捞而濒临灭绝

★它们生活在水边，有鼓出来的黏糊糊的眼睛

★在它们的6000个物种中，大多数是蛙类和蟾蜍类

★这些冷血动物皮肤很敏感，有的有毒

我们是一群羞答答怕晒太阳的动物。只要花些时间了解我们，你就会喜欢上我们，千真万确。除了蹦蹦跳跳的青蛙和晃晃悠悠的癞蛤蟆，我们还有火蜥蜴、蝾螈，还有一种瞎了眼的、没了腿的另类，叫"蚓螈"。我们得住在潮湿的地方，因为我们用皮肤呼吸，它需要保持潮湿和新鲜。

4亿年前我们闪亮登场，是试着在陆地上生活的第一批脊椎动物。从那以后，我们时而生活在水里，时而回到陆地上。我们中有些成员从来没离开过水，谁都看得见，我们从鱼进化来的证据就是我们的卵，上面裹着果冻似的一层东西，不是在水里就是在水边。我们的宝宝有鳃，童年在水中度过。一旦长出肺，我们就可以上岸打猎了。我们搜捕昆虫。嘿，我们来啦！

最大的蛙类：巨蛙（体长30厘米，重量相当于一只宠物猫）

跳得最远的：树蛙跳起来的高度相当于其身长的20倍

毒性最大的蛙类：金色箭毒蛙

生命 **两栖动物**

爬行动物 生命

我们最喜欢在阳光下懒洋洋地躺着，没有比吸收一些光线更让我们喜欢的了。到了晚上，我们的状态就不太好了——要知道我们是冷血动物呀，我们行动迟缓，常常无精打采，一定要暖和够了才能开始一天的活动。但懒有懒的道理——比起那些热血动

目前最大的爬行动物：盐水鳄（超过6米）

最小的爬行动物：
雅拉瓜侏儒壁虎（16毫米）

最长寿的爬行动物：巨龟（超过170岁）

物（哺乳类和鸟类），我们只需要吃五分之一的东西，就足以维持身体活动了。

也许我们看起来很懒，但你别想糊弄我们——我们的历史可悠久了。很久以前，我们的祖先恐龙就统治过地球。也许我们的光辉岁月已经过去了，但我们中的有些成员还在食物链的顶端待着，你明白我的意思，如果你曾经和一只狞笑的鳄鱼大眼瞪小眼，或者遇到一只要命的眼镜蛇，见识它注射器一样的毒牙，你就更明白了。

★有7700个物种，包括海龟、鳄鱼、蜥蜴和蛇等
★崇拜太阳，皮肤干燥，有鳞
★大多数幼仔从蛋里孵出来，外壳柔软但防水

★它们是有1万个物种的飞行专家，由恐龙进化而来

★它们有羽毛，下有硬壳的蛋

★这是一群色彩斑斓、唧唧喳喳的歌剧演员，在世界各地登台表演

你想飞吗？那你只能到梦里去飞喽！我们能毫不费力地在空中翱翔，你却只能迈着沉重的步子在地面走动。不要羡慕，天空是属于我们这些会飞的家伙的。

我们都像是同一个模子做出来的——两条腿、两只翅膀、防水的羽毛和温暖的血液。我们得尽量减轻体重，所以我们的骨头是空心的。我们嘴里没长牙，全靠坚硬的嘴巴咬烂东西。这嘴是根据食物定做的，但因为不能

咀嚼，我们就得靠别的东西来磨碎食物，所以你看到我们到处啄沙子——它在我们的嗉子里把食物磨成粉。

我们很合群，有时成百上千地聚在一起。有一些成员被你们叫做"候鸟"，它们每年要过一个寒假，飞到阳光明媚的地方去躲避寒冷。

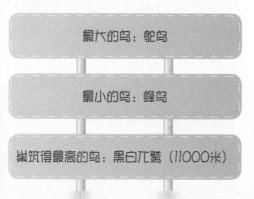

最大的鸟：鸵鸟

最小的鸟：蜂鸟

巢筑得最高的鸟：黑白兀鹫（11000米）

生命 **鸟类**

哺乳动物 生命

我们是动物王国的佼佼者——也是无敌神猫、卑鄙无耻和不择手段的家伙。差不多在最近6000万年以来，我们把这个星球据为己有了——除了冰雪覆盖的荒芜的南极、最深的海底，不管在哪儿，我们都多多少少可以生存。

在别的门类中，你绝对找不着这么多野兽。我们既是猎手又

跑得最快的哺乳动物：非洲猎豹（能以95千米/小时的速度冲刺500米以上）

最大的哺乳动物：蓝鲸（190吨重）

有毒的哺乳动物：鸭嘴兽，沟齿鼠，水駒

是猎物，用牙齿和爪子战斗。我们当中有熊、蝙蝠、海豚和潜水健将——鲸，还有袋鼠、牛、小小的老鼠、庞大的大象、怪僻的鸭嘴兽。我们的共同点比毛发还多——幼仔生下来就能动（除了两三种另类还在靠下蛋繁殖，它们叫"单孔类动物"，因为它们的消化、生殖和泌尿管道共用一个开口，所以只能下蛋），通常，我们生下来的第一顿饭是直接从妈妈那里喝到的暖洋洋的奶。

★这是浑身长毛的动物，用奶哺育幼仔
★在其4600个物种中，多数属于胎盘哺乳动物
★世界上最著名的哺乳动物正在读这本书

身体器官

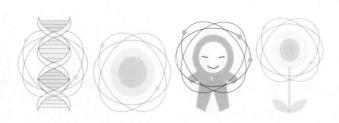

　　嗡嗡嗡，身体工厂是地球上最忙的，这个班组勤勤恩恩，责任重大，有全套精良的装备来组装你的身体。不看不知道，一看吓一跳，你已经全副武装，成为这个星球上最复杂的有机体之一啦！打造你的团队可不一般，每个成员都是某个领域的大专家。身体系统的一部分，控制着身体的某种功能，例如运动、摄食、排泄；其他器官——就把它们叫"肉工厂"吧，制造或搜集着你生存必需的物质。这些器官是由上万亿的细胞组成的。现在地球上大约有70亿人，人人都有着和你类似的身体工厂！

心脏	血红细胞	B细胞	T细胞	肺	骨骼	肌肉
大脑	神经系统	舌头	鼻子	眼睛	耳朵	触觉
激素	精子	卵子	子宫中的胎儿	干细胞	牙齿	胃
肠	肝脏	肾脏	膀胱	皮肤	指甲	头发

心脏 身体器官

嘿！我是肌肉发达的猛男，主宰着你的生命。我还是你体内最劳累的部门，每天要推动8000升血液循环，从未停止，不知疲倦。

要是我停工了，你的麻烦就大喽。大脑失去生死攸关的氧气后，只能生存几分钟，而氧气是由我推动的血液带到身体各处的。我的双连泵系统先把血液输送到肺，血液在这里灌足氧气，

成人的心率：每分钟跳75次

一年推动的血液总量：300万升

一生中心跳的次数：10亿～30亿次

然后它回到我这里，我再把它送到身体各处，供应给细胞和细胞的朋友们。我在你的动脉中产生的压力，足以维持血液循环。但你最好对我了解得多点儿，你害怕或紧张的时候，我会跳得更快，还会把更多的血液送到你皮肤里，让你脸红。嘻嘻，当你在课堂被老师罚站感觉脸上火辣辣的，那是很正常的哟！

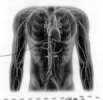

我在这儿呢！

★只有拳头那么大，却像泵一样推动血液循环
★真是一个不知疲倦的"肌肉男"，在你的左侧胸腔里运动
★它要是病倒了，你的整个身体就得完蛋

★它生命短暂，但不白活一辈子，是它给血液带来了红色

★它是一种细胞，圆圆的，没有细胞核，却充满铁元素

★它是忙碌的工人，把氧气带到身体各处

呼哧！呼哧！你大声呼吸的声音多带劲。你吸入的每一口新鲜空气都靠我来传送，我是这方面的专家，我的工作只有一样——无论哪里的细胞，无论何时需要氧气，我都会及时送到，因为这是关系到生死的大问题哦！

我有我的秘密武器，我使用一种富含铁元素的化学物质——血红蛋白，从肺里接收氧气。我灌足了氧气后，就成了鲜红色。当血液充满了细胞排出的二氧化

碳废气时，我的颜色就暗多了。光在一滴血里，就有大约500万个我，想想看，你周身循环的5升血里有多少个我？我是在骨头内部的骨髓中制造出来的，骨髓每秒钟放出200万个新的我。我很快就老了，肝脏会把我打碎，这时我的红色就变成了黄色，所以尿是发黄的。

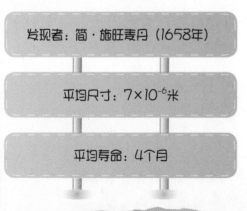

发现者：简·施旺麦丹（1658年）

平均尺寸：$7×10^{-6}$米

平均寿命：4个月

身体器官 **血红细胞**

B细胞 身体器官

我是你体内的警察，时刻巡逻着，遇到危险的入侵者就发出警报。上次那些病毒小贼让你生病时，我就记住了它们的模样，免得你再被它们蒙骗。我释

"B"代表：产生B细胞的"法氏囊"

别名：B淋巴细胞

与B细胞相关的癌症：淋巴瘤

放的化学小旗子，会自动插在入侵者身上。坚强的T细胞知道我的标记是什么意思——"立刻干掉它！"

★ 这是一种白色的血细胞，保护你的身体免受侵害

★ 这是体内的警察，在血液和淋巴系统中巡逻

★ 它把"抗体"这种标签贴在危险的入侵者身上，让它们无处藏身

★这是血液中的一种白细胞，在免疫系统中工作
★这是你体内特种部队的敢死队员，接受了杀死入侵者的训练
★它战斗在血液和淋巴系统中

一切坏蛋统统让开！我来了！我是天生的杀手，在你的血管中巡游，搜索着恶意的入侵者，例如细菌和病毒。你生病的时候，我们大显身手，在你的每滴血里多达7000个。我有独门秘器用来杀死特定的入侵者，例如流感病毒。我有秘密向导，就是那个叫B细胞的家伙，它帮我发现

"T"代表：产生T细胞的胸腺

别名：T淋巴细胞

与T细胞相关的疾病：艾滋病

目标。和病毒打过一场大战后，我就变得懒洋洋的了，其实我这是有意管住自己，免得我杀得性起把一切都毁掉。

身体器官 **T细胞**

肺 身体器官

唧唧咕咕，丁丁当当，你别嫌我们吵，我们是一对双胞胎呀！我们忙着给你的身体带来新鲜空气呢。看看我们是怎么做的吧，我们从空气中吸收氧气，把它传给血红细胞，与此同时，排出让人窒息的二氧化碳废气。

知道你的膈膜在哪儿不？这是一种特殊的肌肉，在你的肝和肠上方，像泵一样升降，吸入空

平均容量：5升

空气在肺中循环的距离：2400千米

舒张率：每分钟15次

气要靠它使劲。鼻子和喉咙又帮我们净化空气，也给空气增加水分。空气一进入体内，就被灌进叫做"肺泡"的液囊中，我们有3亿个这样的液囊，全都布满毛细血管。我们就是这样干活的——让氧气进来，让二氧化碳出去。我们本来是淡红色的泡沫状的肉，但如果你吸烟，就会把我们熏黑弄乱，把一个低声运转的机器变成哮喘的风箱，咳咳咳！好烦呀！

我们在这儿呢！

★这是一对气囊，胸腔两侧一边一个
★它们靠海绵状的肺叶吸入氧气，呼出废气
★一个人的所有肺泡展开后的面积，有网球场那么大

"钢筋铁骨"说的就是我们，我们是你身上超强的硬汉，我们的任务就是保护和支撑你。要是把你比做房子，我们就是钢筋，你的身体器官都挂在上面。简单地说，没了我们，你就成了软软的一摊肉泥。

我们这些骨头比钢还硬，可以承受自身五倍的重量。这是怎么做到的呢？我们是一种神奇的混合体，有柔韧的骨胶纤维，还有岩石般坚硬的矿物质——磷酸钙。把一块块骨头连在一起的是韧带。我可以一次次破裂，但

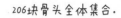

206块骨头全体集合.

我有再生能力，可以把自己修补好。

吃过意大利烤碎肉面卷没有？骨头像它一样是空心的，里面填着糊状的东西，叫骨髓。骨髓这家伙超级勤快，每天能制造1750亿个新的血红细胞。

一个人骨骼的总重量：大约9千克

全身骨折最多的人：飞车天王艾维尔·克尼维尔（35处骨折）

脊椎上有多少块骨头：26块

身体器官 **骨骼**

99

肌肉 身体器官

你能站直了不趴下，是因为有骨头这家伙撑着，可要是没了我，它能做的一切也只是让你直挺挺地站着。这些支架给我们肌肉提供了附着点，我们这六百多条好汉，才是真正干活的。

我们一接到神经系统的指令，就开始干活，收缩一束束肌纤维，把它们变短，让它们鼓起来。我们只能拉，不能推，所以

最大的肌肉：臀大肌

笑一笑需要牵动多少肌肉：12块

皱一皱眉头需要牵动多少肌肉：11块

要把懒骨头拉来拉去，通常需要成对的肌肉协作。例如二头肌把你的胳膊往里拉，让你弯曲前臂，骨头另一侧的三头肌又把胳膊往外拉，让你伸直前臂。

附在骨头上的肌肉可以移动和举起东西，但还有一种肌肉在内脏中自动运动，也很有劲，叫平滑肌，你的膀胱和肠子里都有平滑肌，心脏的平滑肌则是永不疲倦的。

我们到处都有。

★这是一群带着你身体运动的时尚达人
★这是一捆捆蛋白质纤维，在通电时能够缩短
★你吃的肉，比如牛肉和鸡肉，是动物的肌肉

想都不用想，我肯定是最重要的器官。所有身体器官都夸口说，自己是必不可少的，可只有我是无法取代的。是我控制着你。如果脱下你那顶硬邦邦的帽子——颅骨，下面就会露出湿淋淋、皱巴巴的一团东西。

我背后的延脑、小脑，管着呼吸、平衡这些自动生理活动。前脑是最活跃的部分，让你成为一个完整的人，可以说话，可以灵机一动，可以开玩笑。你的五种感官传来的信息，都被传送到

这儿。如果遇到什么好事，我让你产生的想法就更多了！

大脑要干这么多活，当然需要充足的营养了。我消耗了肺部带来的氧气的五分之一，还有自己专用的血液供应系统。

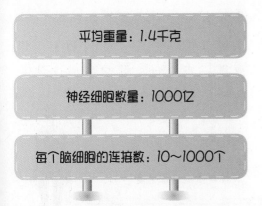

平均重量：1.4千克

神经细胞数量：1000亿

每个脑细胞的连接数：10～1000个

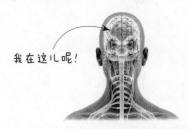

我在这儿呢！

身体器官 **大脑**

我是个充满活力的小家伙，还铺设了你的通信网络，充满信号和电脉冲。在你需要仓皇逃窜的时候，"嘀嘀嘀"警报从感官一发出，就被我传给大脑，它的命令再由我传给肌肉。

我的几十亿个分支、敏感的神经末梢，覆盖了你整个身体表面，你有触觉、痛觉，能

一个人身上的神经总共有总长：15万千米

神经信号的传递速度：每秒120米

神经信号的电压：30毫伏特

知冷知热，那多亏了我哦！眼睛、耳朵、鼻子、舌头这些探测器获得的信息，也由我传送到你的大脑。

脊髓是你身体的中央电缆，我的大多数分支都汇集到这里。尽管大脑管得很宽，但有些条件反射归脊髓管。"哎哟哟！"你烫得一声尖叫，缩回手，这就是条件反射让你避开了危险。

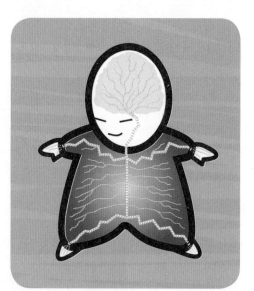

我让电流流遍你全身！

★这是一个敏感的家伙，能让你感觉到疼痛

★这是生命的电线，做什么都用不着想

★它的网络遍布全身，反应就像闪电一样快

我是你的味觉中心，只是我不大好看——你把我伸出来的时候，我是个流着口水的蠕动的家伙，上面有好多细菌，没准还有口臭……但你要是尝到最好的味道，第一个感谢的应该是我吧。

我在牙齿之间搅来搅去，我毛毛糙糙的表面能抓住滑溜溜的食物。在演讲团队中，我也是个明星，没有我，你能伶牙俐齿赢得大家的喝彩吗？但我最大的骄傲、最大的快乐，还是有几千个

味蕾——从舌尖到两侧，一直到背面都有。这些小小的突起，控制着简单的味觉，例如甜、酸、咸、苦。还有不太出名的第五味觉，叫"鲜美"或"馋死人"，不过在这方面，我不如鼻子专业，通常是它先检查食物。

最长的人舌头：伸出来的时候，从舌尖到嘴唇有9.5厘米长

味蕾的寿命：10天

科学家把尝出味道的感觉叫做味觉

身体器官 **舌头**

鼻子 身体器官

"大头大，大头大，是人大头都朝下，不信你去问人家，人家的大头也朝下。"嘿嘿，这个谜底就是我——鼎鼎有名的鼻子。

我的大头老是朝着下面，可也只能这样干活。我的深处藏着化学传感器，可以捕捉空气中的

鼻子有多敏感：能够辨别1万种气味

打喷嚏喷出的气流有多快：163千米/小时

纤毛覆盖的区域有多大：2.5平方厘米

气味。人们过于依赖视觉，忽略了我，但嗅觉是你最发达的感觉之一。我比舌头这个粗心马大哈要敏感一万倍，在你还没觉得饿的时候，我就让你舔舌头了。

我辨别气味，靠的是鼻腔里细细的纤毛。每根纤毛都从你吸进的空气中认出一种化学物质，给大脑发一个信号。纤毛是很娇嫩的，别用手指头在鼻子里抠来抠去。它喜欢湿润，但感冒流鼻涕把它搞得太湿时，它就不管用了。

★ 这是个敏感的化学检测系统
★ 它的内部长着细细的绒毛，可以嗅出气味
★ 科学家把闻出气味的感觉叫嗅觉

要说"以貌取人"，那是我的专利。我湿漉漉、软绵绵、清澈的凝胶球，就是你看世界的窗口。只要你的眼睛没有瞎，视觉就是你最重要的感觉。你了解我吗？仔细观察我的内部，你就知道我有多复杂了。

我身上最有魅力的，是美丽的虹膜。这是一种彩色的肌肉，控制着进入眼睛的光有多少，光太多了就会目眩。虹膜背后，有个柔韧的朋友，叫水晶体。有些肌肉可以改变水晶体的形状，将

光线聚焦到我背面的屏幕上，这个屏幕就是视网膜。视网膜上布满杆状细胞和圆锥细胞，圆锥细胞只能在亮光下辨别颜色，杆状细胞在暗处也很敏感，但只能辨认黑白。实际上我看到的东西都是颠倒的，但聪明的大脑很快就把它翻转回来了。

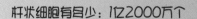

杆状细胞有多少：1亿2000万个

圆锥细胞有多少：700万个

眼睑：眼睛的清洁工，还保持眼睛湿润

身体器官 **眼睛**

耳朵 身体器官

听到妈妈叫你吃饭没有？多亏了我，你才能听到。我是你身上的高保真音响、精心调节的传感器。我能捕捉空气中极微小的振动，把它们变成甜美的声音让你听到。

我长在外面的部分，把空气振动传到耳朵眼里，然后好戏就开场了。空气撞击我的一个突起，这节奏被一个爵士乐队——

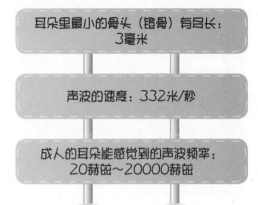

耳朵里最小的骨头（镫骨）有多长：
3毫米

声波的速度：332米/秒

成人的耳朵能感觉到的声波频率：
20赫兹~20000赫兹

一组小骨头，传给叫"耳蜗"的骨壳。耳蜗里灌满了流体，每一次振动都在其中激起涟漪，被细细的绒毛感受到。这些绒毛与神经系统相连，神经系统又把信号传给大脑，最后大脑让你感觉听到了什么有趣的声音。你怕晕车、晕船、晕飞机吗？那可得好好求我，我善于维持平衡——我内部有几个盛着液体的小罐罐，检测你身体位置的变化，让你知道自己是头朝上还是四脚朝天。

★这是两个漏斗状的帅哥，专门搜集声波
★声波在耳朵内部被转换成电脉冲
★它们还能帮你保持平衡

来吧，给我一个热烈的拥抱，我总是被你忽略。我在你体表的每一寸肌肤里辛勤工作，你却老对我麻木不仁。其实我特别有用，"魔法"多多——你冷得哆嗦，热得冒烟，被推，被夹，被扎得哇哇叫，都是我告诉你的。你就忽略我吧，我会报复你的——你痒痒起来，除了想我，不会想别的。

嘿嘿，我再向你透露一些秘密魔法吧。我是你皮肤下面的传感器，插上了神经末梢这个

插头。我能变出好几种模样，有一种传感器是皮肤上的绒毛，它可以感觉到轻微的接触或气流，有一种是用来专门寻找热量的，还有一种特殊的类型，用来感觉寒冷，在更深的地方，甚至有检测压力的神经末梢。如果我的系统受不了重负，就会发出疼痛的信号，警告你"危险"！这绝妙的系统还能告诉大脑你身体的姿态，不用你去操心。

疼痛信号的传递速度：30米/秒

内脏中的传感器：
感受胃痛和其他内部疼痛

学名：身体感应系统

身体器官 **触觉**

激素 身体器官

我的英文名"hormone"，来源于一个希腊词"horman"，意思就是"兴奋起来"。我确实是这么活力四射的。你的身体功能就像希腊语那么丰富，但没了我，一切都休想。我是被一团团叫"腺"的黏糊糊的东西分泌出来的，它们把不同类型的我，喷射到你的血液系统中。我像个通信员，按上级发的清单，奔赴各个目的地，一到那儿就鼓励细胞做各种事。

人体内的激素有多少种：约100种
著名的激素： 胰岛素、肾上腺素、睾丸激素、雌激素
分泌激素的最大腺体：甲状腺

实际上没有多少事是我办不到的，连你怎样使用能量和水、怎样睡觉，都归我管，我还能影响你的情绪。我的一项重要工作是，在你长大成人时改造你的身体，这可不容易，有时我用力过猛了，会让你提前发育，但你会习惯的，这是长大必须经历的。

★这些喜怒无常的家伙，调节你的身体功能
★它们是神经系统中传递化学物质的信使
★它们由身体某些区域的腺体产生

别看我是个小不点儿，可我肩负着无比重大的责任。没有我，人类就不能延续后代。我和亲爱的卵子一起制造新生命，离开了对方就无法进行复制，这和所有的细胞都不一样。我们各带着你一半的DNA，一相遇就把它们合在一起，形成一套独特的基因，你就这样被造出来了。

追求卵子是一场赛跑，只有冠军，没有亚军和季军，跑得不快的就得死掉，冠军还得在卵子变老以前追到它。也可以说，我是一个有着长尾巴的游泳冠军。我的生活又简单又荣耀。我出生于两个睾丸中的一个，这是男人的精子工厂，然后我逆流而上，游到阴茎。液体是在我通过前列腺的时候添加的，它给我的旅行带来了动力，如果一切都很顺利，我就进入女性的身体，大概要花一个小时到达卵子。

游泳速度：1~3毫米/分钟

一个男人每天产生的精子数量：
5000万~5亿

长度：50×10^{-6}米

这就是生产我的工厂！

身体器官 **精子**

是我孕育着生命，所以我无比珍贵。我诞生在女人的卵巢里，每个月有一次，我像小小的气球一样飘向子宫，和精子约会——我只要那个冠军。

男人每天释放上千万个精子，可我就珍贵得多，一个女人一生只释放400多个我。

我比精子大，大约是它的85000倍。而且我很有内涵，新生

直径大小：1.5×10^{-4}米

从卵巢释放出来能活多久：24~48小时

卵子＋精子＝受精卵

命需要的DNA，有一半藏在我身上（另一半在精子身上）。

我还有孕育新生命的全班人马，包括线粒体和核糖体，在与精子结合后，这一切促进我生长成为胎儿。子宫已经准备好抚育新生命，但如果精子失约了，我过一段时间就会离开人体。

我是从这儿蹦出来的。

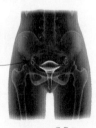

★这是精子的人生伴侣，它们一起让婴儿来到世界上

★这是女性生殖细胞，学名叫"卵细胞"

★这还是人体中最大的细胞

★ 这个小家伙体现了细胞繁殖的奇迹

★ 这是子宫中的一个细胞长成的

★ 给它提供能源的带状物叫"脐带"

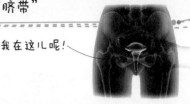

我在这儿呢！

要让我说啊，还真有点儿难为情，我知道的事情没多少——我还没出生呢。

当然，思考是人类能做的最奇妙的事之一，我早晚能学会。精子和卵子在通往妈妈子宫的路上相遇，这仅仅是个开始，后面还有一段不可思议的旅途呢，最终会创造一个新的人。

精子和卵子合成一个细胞，叫受精卵，它一分为二，还反复这么做，成了很多细胞组成的小球，粘在子宫上。我一个月大

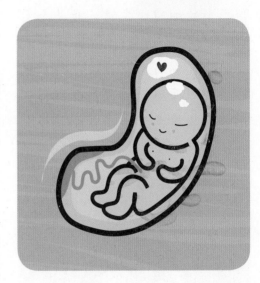

时，有上百万个细胞，而且它们可以分成两支队伍——一边变成胚胎，有手、脚和其他器官的雏形；另一边是胎盘，是给我提供营养的小仓库。九个月后，我就长得够大了，该去见识世界了。

每年有多少新生儿：约1亿3000万

子宫有多大的弹性：可以扩张到原来的500倍

出现双胞胎的概率：1/70

身体器官 **子宫中的胎儿**

干细胞 身体器官

脑细胞始终是脑细胞，血红细胞也不能变成白细胞，可我能随心所欲地变化，可以长成任何类型的细胞。我酷，我是个另类！只要我愿意，也可以漫无目的地复制自己，我要怎样就怎样。某一天我选择成为肝细胞，某一天又愿意变成皮肤细胞或别的什么。牛皮不是吹的，咱有的

发现者：欧内斯特·麦卡洛克和詹姆斯·蒂尔（20世纪60年代）

干细胞最常见的地方：子宫内生长中的胎儿

成人的干细胞：在骨髓和皮肤里

是潜力。

我的天赋让我有了难以置信的价值！因为我可以变成任何东西——从肾脏到肌肉、心脏细胞……所以总有一天，我可以用来制造备用器官。科学家在实验室里，很容易利用我进行移植或嫁接。我还能用来修理错误的DNA，它引起了世界上某些最可怕的疾病，例如阿尔茨海默氏病、帕金森氏病。

★一种可以变形的、神气活现的、强大的细胞，可以长成任何东西

★它在胚胎、骨髓、肝脏和眼睛里都被发现过

★总有一天，可以用它培养备用的身体器官

★这是武艺高强的硬骨头好汉，把你吃进的东西碾碎
★这个整天砍砍杀杀的家伙，是你身上最硬的部位
★它还爱干净，你每天都得刷刷它，除掉讨厌的细菌

我有个勾肩搭背、称兄道弟的好朋友，就在你的腮帮子上，是你身上最发达的肌肉，我还有一嘴巴的朋友，没有多少东西是我们干不掉的。我有三层，第一层是坚硬、洁白的表面，叫珐琅质，下面填着牙本质，最深处是牙髓。你的嘴巴是细菌的俱乐部，它们的排泄物会腐蚀我的珐琅质，这时我不觉得疼，因为我的神经全都深埋在下面，但如果细菌长驱直入，我就疼了，你就得到牙科去挂号了。

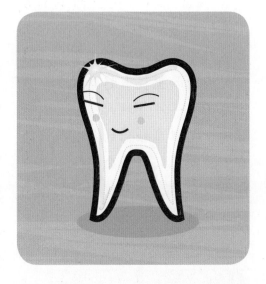

对着镜子张张嘴，你就知道我的模样了。排在最前面的是门齿，用来斩断食物；旁边是尖尖的犬齿，用来戳烂食物；后面那些胖小子，是前白齿和白齿，又捣又碾把食物弄成黏糊糊的一团，最大的白齿藏得最深。你小时候的牙可没长齐，如果想要享受我们的全套服务，就得耐心等待长大哦。

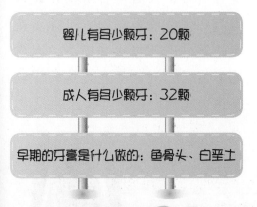

婴儿有多少颗牙：20颗

成人有多少颗牙：32颗

早期的牙膏是什么做的：鱼骨头、白垩土

身体器官 **牙齿**

胃 身体器官

我冤枉啊——人们减肥减不下来，就怪罪我。其实我干了好多脏活累活，还不是为了从你瞧不起的食物里提取精华营养。在我肚子里横冲直撞的胃液，是酸性的，足以腐蚀你的皮肤。我还有一种酶叫"胃蛋白酶"，可以分解蛋白质，要不然你吃的肉就得堵在肠子里，不消化，肚子要痛痛，好怕怕哦！

食物在胃里能待多长时间：90分钟到4.5个小时

胃酸：它的酸性比醋强10倍

胃的容量：1.5升

我的任务，就是把牙齿碾碎的食物彻底弄烂，弄成稠稠的流动的浆子，叫"食糜"。我的内壁铺着一层黏液，防止那些凶狠的酸液把我自己烧穿。如果这层黏液不管用，那就惨喽，你就要得胃溃疡，被折磨得够呛。我可以消化许多许多东西，可你要是非把写作业的橡皮吃下去，我就吃不消了，到时候我发达的胃肌会让它从哪儿来滚回哪儿去。

后面那个就是我！

★一个圆圆矮胖子，喜欢饱餐一顿

★一个肌肉发达的囊，灌满酸液，还有一些细菌

★还是一个酸池子，食物在这池子里分解

★这是缠绕在你身体中部的长长的管子
★食物慢慢穿过这根管子，它有发达的肌肉让自己蠕动
★食物中的营养通过肠壁进入血液

我盘在这儿呢!

在你体内神奇的食物传递系统中，我是最后的一段，我坚忍不拔地完成任务，像一条大蛇在你肚里盘着身子，蠕动着。那些搅匀的食物，非要从我绕来绕去的地盘上过，我就想尽办法榨干它们的营养。最后剩下的是——呵呵，那臭烘烘的东西，不用我说了吧？反正我干的是身上最脏最累的活儿，有人还瞧不起我。

尽管我在你肚皮下面，但和心脏这些器官相比，我算是身体的外层。你要是不明白我说什么，就想想一个长长的螺旋管中间的空腔吧，这个空腔和管子里的空腔不是一回事。我有两段，一段是小肠，比较细，用来加工食物，另一段是大肠，用来排泄。最后，食物中的水差不多被榨干了，留下臭烘烘的混合物和气体，从肛门排出。

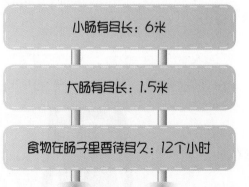

小肠有目长: 6米

大肠有目长: 1.5米

食物在肠子里要待目久: 12个小时

身体器官 **肠**

肝脏 身体器官

我是个多面手，是个万事通，在很多方面都是专家。嘿嘿，不是我夸自己，你有什么难处就来找我吧，我的工作日程中有超过500种任务，都能完美交差。在我软绵绵的叶片里发生了那么多事，连科学家都不知道我到底还能做些什么，他们对我的了解连一半都不到。

我从血液中搜集营养，储

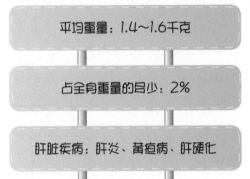

平均重量：1.4~1.6千克

占全身重量的多少：2%

肝脏疾病：肝炎、黄疸病、肝硬化

存至关重要的维生素和铁元素。比这更重要的是打扫身体中的垃圾，我从血液中除去有毒物质、破损的血红细胞，把所有这些废物交给肾脏，由它扔掉。我还负责分解脂肪和胆固醇。你离开了我能活得下去吗？但你可以在我的90%被切掉的情况下活下去，我有惊人的再生能力，可以从很小的一团长起来，瞧瞧，神奇吧！

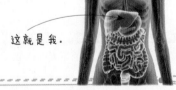

这就是我。

★一个兴奋得发抖的工作狂，对身体进行最后的清理

★你体内的热力公司，是所有内脏中最能发热的

★内脏中最重的器官，和大脑有得一拼

★这是一个过滤器，每天清理血液好几次
★它和膀胱这家伙合股，在你体内开了个自来水厂
★它把过量的水分排出身体

我是一对暗红色的、长得像豆子一样的器官，埋伏在你肚子中间，就在靠近背后的地方。哎，别看我不显山不露水，生活在死水中，但我为你提供着必不可少的服务。瞧瞧吧，你的身体每天产生多少废物啊，其中大部分进入了血液，如果不是我来过滤血液，把你的废物卸到膀胱那边，你就惨了。有时候，我的

这就是我，注意，有一对哦！

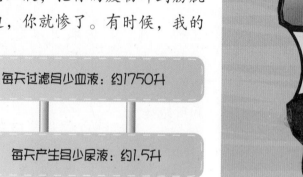

每天过滤目少血液：约1750升

每天产生目少尿液：约1.5升

肾结石世界纪录：4504颗

滤网会被结石堵住——哎哟，哎哟，我疼！

身体器官 **肾脏**

膀胱 身体器官

我是肾脏的铁哥们儿，我们组成了一个很棒的团队——你以为我在开玩笑？我储存着尿液，它是黄的，因为有血红细胞的废物。别看我小，可我能胜任

膀胱的容量：约400毫升

尿液中，有96%都是水

别等它太满，胀到一半的时候就该去厕所了

这项工作，因为我可以像气球一样胀起来。我胀满的时候，内部有个阀门该开了，你就该往厕所跑喽。

我住在这儿。

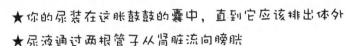

★你的尿装在这胀鼓鼓的囊中，直到它应该排出体外
★尿液通过两根管子从肾脏流向膀胱
★它胀得发慌的时候，一个肌肉阀就像你家的水龙头似的打开了

★这是一个柔韧的朋友，让你和外面的世界保持联系
★这是一件自己能缝好的衣服，能应对环境变化
★这是每小时能排出2升水的奇才

我是人类所知的最高级的面料——耐穿、防水、超级弹力、出奇的敏感。我既能为你保暖，又能为你散热，我是你面对棍棒、石头和传染病的第一道防线。我挨揍或被割开时，会肿起来，把危险赶到这个包里，血液会冲上来，在伤口上形成一道脆脆的关卡。

在我表面，所有的细胞都是死的——这就是说，你一天到晚扛着大约2千克死皮，但我每个月还是在更新哦。如果你冷了或害

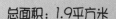
总面积：1.9平方米

平均重量：3000~4000克

每平方厘米有多少细菌：超过750万个

怕了，我的体毛大军就会警惕地站起来，是下面小小的肌肉让它们这么做的——当然，这时候也会起鸡皮疙瘩。在我的深处藏着传感器，让你知道疼痛、冷热。我还有汗腺可以让我散热，我有皮脂腺让我保持滋润的美貌，我很喜欢人家夸我皮肤好哟。

身体器官 **皮肤**

指甲 身体器官

我们挠！我们掐！我们抠！嘿嘿，厉害吧？别惹我噢，这是你身上最不好惹的家伙之一。但我们又很脆弱，在重压下常常破裂。制造我们的材料和制造漂亮头发的一样，我们是它粗

生长速度：每个月3毫米

最长的指甲：7.51米

有指甲的动物：所有灵长类

鲁的小兄弟，像钉子一样硬。我们也许有一点儿坏脾气，你要是经常夸夸我们，我们会很开心的哦。记住常常修剪我们，把我们剪得漂亮点哦。但你别咬我们，你不想让人家说你像幼儿园的小娃娃吧。

★长在你的手指尖和脚指尖上的坚硬表皮
★由角蛋白构成的保护层
★别信那些谣言，你死后它们不会继续生长

★和指甲一样由角蛋白组成，但有的卷曲，有的波浪起伏，有的直直的

★这是从埋在皮肤下的毛囊中长出来的

★比同样粗细的铜线还结实

我基本上长在头上，为它保暖，要是没有我，你就会觉得凉飕飕的。几乎在身体表面任何地方都能找到我（不光是淋浴喷头下面的那一块）。你身上除了嘴唇、手掌和脚掌，都有我。有些人对我不好，我一露头就想削掉我，也有很多人，老大不情愿地数着头上飘下的每一缕我，要知

头上有多少根头发：9万~15万

生长速度：每个月1厘米

最长的头发：5.63米

道，有一头秀发是被人羡慕的，我也算是容貌的一部分吧。

身体器官 **头发**

绿色植物

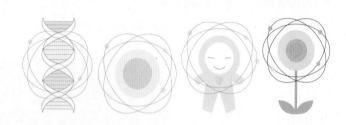

　　谁能离开我们这群绿色的朋友？我敢跟你拉钩起誓，绿色植物和地球上所有活着的东西都息息相关。地球上总共有750亿吨生物，其中90%以上是绿色植物，你说牛不牛？真该为我们这些清心寡欲的朋友竖起大拇指，是我们这群无名英雄，辛辛苦苦地把太阳能变成营养，要不然动物和其他生物就没东西吃了。这支绿色大军，还把生命必需的氧气释放到空气中，让你们能够呼吸。所有的植物，例如树木和花朵等，都由同一类型的细胞组成——植物细胞。在有花植物中，有些细胞的轮廓特别分明。

植物细胞

叶绿素

叶

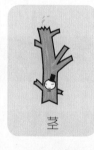

茎

根

花

花粉

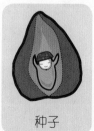

种子

果实

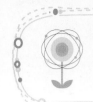

★这是植物内部忙忙碌碌的能干角色

★植物的每个部位，都由这些小小砖瓦砌成

★它们肚子里灌满了水，胀鼓鼓的

对地球上所有的植物来说，我的重要性丝毫不亚于车上的轮轴，没我，生命可玩不转。我多才多艺，全副武装，构成了植物需要的各个部分。我可能很小，但我保持着自己的形状——通常是有棱有角的小盒子，有坚固的细胞壁，这让我们以各种形状堆积在一起。而且我们有分身的法术，可以把自己一分为二，让植物受伤后尽快复原。

我的秘密在于身体里塞满了

发现者：罗伯特·虎克（1665年）

平均大小：$10 \times 10^{-6} \sim 100 \times 10^{-6}$米

植物细胞的类型：
叶细胞、茎细胞、根细胞等

各种各样有用的零碎，它们叫细胞器。这些东西维持了植物的生命，例如叶绿体，它的体内充满了可以转换成太阳能的叶绿素；线粒体提供动力；细胞核协调各种细胞器的活动……当然，我还是多汁的——中央有一个大大的液囊（或者说液泡），灌满了汁液。嘿嘿，我喝自制的饮料，绿色纯天然，味道妙极了！

绿色植物 **植物细胞**

叶绿素 绿色植物

大家夸我神，认为我是奇迹创造者，我也不假装谦虚了，因为我的确有独一无二的天赋——吸收光线，这让我成为植物最重要的化学物质。不服气，咱们比试一下，你能从太阳那儿吸收能量来生产糖类吗？糖类是植物的营养，也是地球上所有生物的营

发现者：汉斯·菲舍尔（1940年）

叶绿素有多少种：6种

叶绿体在细胞质中可以占多大比例：40%

养。这还不够，光合作用还产生氧气，供所有的动物呼吸，还吸收讨厌的二氧化碳，你能吗？

当你夸奖绿色地球真美丽的时候，别忘了我哟！我是把植物染绿的头号功臣。我住在叶绿体的内部，这是植物叶子里一小团一小团绿色的东西。由于我吸收蓝光和红光，反射绿光，所以你看到的是绿色。到了秋天，我一般就要隐身了，因为很多植物把我分解掉了，它们的叶子就变成了金黄色。

★正是它让地球上有了生命
★它待在植物细胞内的叶绿体中
★它参与光合作用，能利用太阳能，制造含糖的植物营养

跟你诉诉苦吧！我们的日子可不好过，整天的工作就是晒太阳，晒啊晒，尽最大努力吸收阳光。听起来很有福气，可我们一点儿也不能偷懒，植物需要的营养全得靠我们呀。

你想不到我们多么有组织。我们的位置是经过精心安排的，上面的叶子不能挡着下面的叶子吸收光线，还不能太重，所以我们有超轻的内部骨架。

我们还是植物的呼吸器官，用表面的许多小孔吸收二氧化

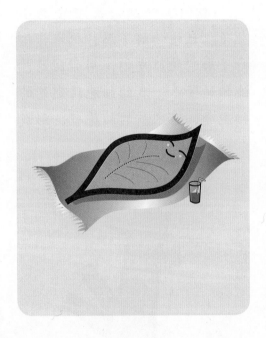

最大的叶子：酒椰棕榈的叶子，24米长

每株橡树上有多少叶子：20万

每株橡树上叶子有多重：1.6吨（60岁以上的橡树）

碳。我们通常穿着一件蜡质的大衣，防止水分蒸发。由于充满了糖，我们成了绵羊、昆虫和人类等的美味，这样一来有时就得用毒液或刺来保护自己。我们还想知道，当妈妈劝你多吃绿色蔬菜时，你是如何表现的呢？

绿色植物 叶

125

茎 绿色植物

我们这些站得直挺挺的小伙子，让植物解了渴，把水传给叶子和它的朋友们，用甜甜的汁液传递营养。我的细胞比别处的细胞硬，有木质的细胞壁，形成

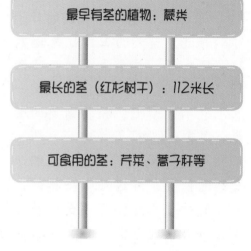

最早有茎的植物：蕨类

最长的茎（红杉树干）：112米长

可食用的茎：芹菜、蒿子秆等

了可以吸水的出色的管子，也让植物站得端端正正的。不过有时候，这也让你嚼不动蔬菜，吐着舌头说我糙，嘿嘿，这不怪我，怪你腮帮子不够发达。

★这些小伙子之所以"刚直不阿"，是因为细胞壁被纤维素加固了

★好多茎是挺着的，不让叶子、花什么的趴在地上

★茎也是一根吸管，让植物喝到饮料

我们害羞，崇尚隐居，深深地扎到土里，喜欢默默无闻地工作。虽然这些工作单调乏味——把水和矿物质从土里抽出来，但它们可都是植物生长所必不可少的。所以说，我们给植物奠定了扎实的"根基"。植物吃不完的淀粉和糖类，被我们存在地下鼓起来的块茎上，土豆、胡

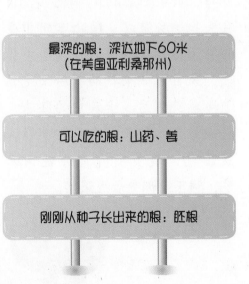

最深的根：深达地下60米
（在美国亚利桑那州）

可以吃的根：山药、薯

刚刚从种子长出来的根：胚根

萝卜和芜菁就是这样的。人类喜欢把它们挖出来吃，做成薯片、土豆烧牛肉、胡萝卜酱什么的，真是美味极了。

绿色植物 **根**

花 绿色植物

我是个漂亮的小天使，人见人爱。我心里只有一个念头——繁衍生息。我穿着五颜六色的可爱外衣，还散发着香味和甜味，用甜美的甘露吸引昆虫、鸟甚至蝙蝠来帮我完成使命。人类把我当成爱的标志，噢，天哪，我不照镜子都知道自己有多漂亮。科学家证明，我能让人笑起来，你如果正在发愁，就来看看我吧。

最大的花：阿诺蒂大草花（直径约1米）

阿诺蒂大草花有自重：6.7千克

阿诺蒂大草花的气味：腐臭味

除了花瓣，我还有雄性的部位，叫"雄蕊"，产生花粉，还有雌性的部位，叫"雌蕊"，由柱头和子房组成。植物宝宝出生的秘密你知道吗？我悄悄告诉你哦，来自另一朵花的花粉细胞钻进雌蕊，到达我子房中的胚珠，它俩结合，就长成宝贝种子啦，然后呢，我美丽的部分就凋零了，剩下的部分长成果实。

花瓣
雄蕊
子房
柱头

★有花植物利用这绚丽的器官散发花粉

★花蕊上黏湿的柱头，可以搜集别的花散发的花粉

★子房被花粉授精后，长成果实，里面有种子

★这是可以给花的胚珠授精的金色微粒

★这是花的雄性生殖细胞，可在人身上引起花粉热

★蜜蜂等昆虫爱吃花粉

这是我的目标。

我是从这儿生出来的。

我勇敢，我坚韧，我是纯爷们。我的天职就是找到同类植物的雌性部位，给它们授精，以制造种子。不过有的人的鼻子对我敏感，闻到我甚至会哭。看我还能把你们怎么样，你们可以试试，哈哈，没准我马上又能创造新纪录了呢。

要问我是怎么传播的呀？你要像我一样小，也能被吹得到处乱飞。不过得了花粉热可不好玩。昆虫到花上采蜜时，把我沾在它们腿上，到了另一朵花上，

每朵花上有多少粒花粉：
大约7000粒

引起花粉热的花粉：
小草的花粉、橄榄树花粉、白桦树花粉等

花粉最远的传播距离：4800千米

又把我沾在那朵花雌蕊的顶端，然后我的衣服啪的一声裂开了，我钻到子房里，帮着造种子。不授精时，我的外衣非常结实，可以保存几千年呢！考古学家利用我来鉴定史前人类栽培什么植物。我的外衣还带刺，可以沾在人的衣服上，如果罪犯的衣服上有犯罪现场的花粉，这就成了他们犯罪的证据。

绿色植物 **花粉**

种子 绿色植物

我的能干不是吹的，我是植物生命延续的巨大希望，我身上藏有植物繁衍需要的一整套东西，我被派出去在地球上开辟殖民地。吃苦我不怕，没有食物、

一株植物一般有多少粒种子：
10～100000粒

最大的种子：复椰子树的种子（20千克）

寿命最长的种子：莲子（700年）

水和空气也能活几百年。我出去旅行的方式多种多样。有时候被风吹着走；有时候搭动物的免费便车，用自己身上的小钩子粘在它们的毛发上；还有的时候，我和果子一起被动物吃下去，又顺着它们的肠子被排出体外，在地面上安家落户。

★它们诞生在花的子房里，有坚韧的壳
★植物靠它们繁殖
★它们穿着弹力外套，可以存活好多年

130

★这是有花植物的后代，有甜的、咸的或酸的

★大多数植物是在花的子房中孕育果实的，果实里包着种子

★这个成熟的家伙，带着种子远远地离开父母

可别把我和讨厌的蔬菜混淆了，我要甜得多。我裹着种子，丰满多汁，我的味道好极了，这就是你为什么爱吃西红柿和黄瓜的原因。我真的常常充满糖分，不信你吃一口看看，舔舔舌头尖，再咂咂嘴巴，是不是感到我给你带来美味，还有健康？真的，我不在乎被你吃掉，我乐

最重的果实：巨型南瓜（约450千克）

最致命的果实：蓖麻子，含有蓖麻毒素

稀有的果实：丑橘等

意，我心甘情愿。种子终于结束了背井离乡的辛苦跋涉，我高兴还来不及，快，张开嘴把我吃掉吧！

绿色植物 **果实**

氨基酸：构成蛋白质的基本成分，人体需要的氨基酸有22种，其中14种可在体内合成，另外8种可从食物中摄取。

抗体：人和动物的血清中，由于病菌或病毒的侵入而产生的具有免疫功能的蛋白质。

循环系统：由动脉和静脉组成的网络，将血液输送到全身各处，也叫"心血管系统"。

胶原蛋白：由蛋白质组成的一种结缔组织，也出现在肌肉中。

膈膜：在肺下面的薄膜状肌肉，当你吸气时，它收缩，当你呼气时，它放松。

消化系统：涉及食物分解的身体系统。

内分泌系统：一些分泌激素的腺体组成的系统，控制和调节新陈代谢。

受精：男性的精子与女性的卵子结合，产生新的生命的过程。

孕期：胎儿在孕妇体内生活的时期（人类的孕期是35～40个星期）。

免疫系统：涉及预防疾病、抵御传染的身体系统。

淋巴系统：将淋巴液传到身体各处的网络，由淋巴结和淋巴管构成。

膜：一种有弹性的薄层组织，容纳着某种器官，或在不同的器官之间起分隔作用。

新陈代谢：维持生命所需的一切化学反应，包括形成、维持和破坏你身体细胞的各种反应，以及转化能量的反应，它们均受酶的调节。

黏液：由鼻子、胃、肺、喉等器官分泌的黏滑物质，可防御和清洗外来的刺激物。

肌肉系统：涉及运动的身体系统。

神经系统：由神经和神经元组成的网络，在全身传递信号，使大脑能够与身体其他部位沟通。

细胞核：细胞的核心部分，保存DNA、染色体的地方，细胞化学的控制中心。

血浆：血液中除血细胞、血小板之外的部分，呈淡黄色，含有水、蛋白质、无机盐等。

血小板：血液中一种没有细胞核的细胞，有帮助止血和凝血的作用。

生殖系统：人体中制造生殖细胞、参与制造新生命的身体系统。

呼吸系统：涉及呼吸的身体系统，以肺为核心。

骨骼系统：一类特殊的组织在体内形成的坚固框架。

水：你身上含量最多的化学物质，要是没有它，你就没有生命。

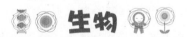

生物

肺泡：肺部的小囊，负责将空气中的氧气转移到血液中。

抗体：如B细胞，是免疫系统中的细胞制造的化学标记。抗体可附着在侵入身体的病毒和细菌上，被抗体标记的侵入者将被T细胞分解。

ATP：三磷酸腺苷的缩写，细胞中储存能量的化学物质。

二氧化碳：一种看不见的气体，由碳元素和氧元素组成。二氧化碳是动物分解食物产生的废气，植物则利用二氧化碳制造糖分。

软骨：一种坚韧、柔软的组织，鲨鱼的骨骼就是软骨。

叶绿体：产生光合作用的细胞器，在大多数植物细胞中都可以找到。

染色体：在细胞核中承载脆弱的DNA分子的物质。人类细胞有46条染色体，不同的物种有不同的染色体数。

纤毛：伸出细胞表面、可以飘动的毛发状微细结构，用于收集养分、感觉运动、在液体环境中划动、促使细胞前进。

受精：两个生殖细胞（如精子和卵子）结合在一起，生长成胚胎。

腺体：一团细胞，可以将某种物质（如激素）释放到体内或体表。

免疫系统：身体的防御系统，可预防疾病。它可清除侵入身体的细菌或病毒。

界：有机体分类的最高级别，分为五界：动物界、植物界、真菌界、原核生物界和原生生物界。

淋巴系统：肌肉内部排放略呈（淡）绿色的淋巴液的系统，淋巴液在一个导管网络中流动，其中的病毒和细菌被淋巴结过滤掉以后，淋巴液才慢慢渗入血液。

新陈代谢：生物体从外界环境摄取营养物质转变为自身物质，并将自身体内产生的废物排出体外，这种不断更新的过程就是新陈代谢。

分子：保持化学性质的最小单位。也就是说，分子被分解成更小的单位后，它们不再保持原来的化学性质。

细胞核：大多数细胞具有的核心囊，DNA就在其中，缠绕在染色体上。

器官：身体中具有某些功能的结构。人体内最大的器官是肝脏，还有肺、心脏、大脑等器官。

细胞器：植物、动物、真菌和原生生物细胞内的微小结构，承担着某种职责，例如，线粒体和叶绿体就是细胞器。

氧气：一种看不见的气体，在空气中与其他气体混合着。动物吸收空气中的氧气，用来分解食物，产生身体所需的动力。

光合作用：植物和某些细菌、原生生物利用太阳能，将二氧化碳和水转化为糖类，在这个过程中，氧气被排放出来。

蛋白质：组成细胞、维持细胞活动的物质之一。每种类型的蛋白质都有特定的形状，这控制着它们工作的方式。所有的酶、某些激素，是由蛋白质组成的。

原生生物：有机体的"五界"之一，通常是单细胞的。原生生物的细胞比细菌的细胞更大、更复杂，其结构更接近动物、真菌和植物的细胞。

物种：一群外表相似、可以相互交配繁殖的生物，例如所有的狮子形成一个物种，所有的野牛形成一个物种，草菇又是另一个物种。

雄蕊：花的雄性器官，产生花粉的地方。

柱头：花中的杆状突起，用来收集其他的花散发的花粉。

系统：体内一系列器官和组织结合起来，具备某种特殊的功能，并且可以相互影响。例如，肝脏、胃和肠等器官形成消化系统。

尿液：脊椎动物的肾脏清理血液产生的废液。

液泡：植物细胞中央装液体的囊，用来储存水分。

脊椎动物：有脊柱或脊椎的动物。鱼类、两栖类、爬行动物、鸟类和哺乳类都是脊椎动物。

受精卵：新的生物的第一个细胞，由受精产生。受精卵最终将长成完整的生物体。

图书在版编目（CIP）数据

世界上最好玩的科学书. 人体·生物 /（英）格林著；（英）贝舍尔绘；夏芒，海杯子译.—长沙：湖南少年儿童出版社，2012.11
　ISBN 978-7-5358-8564-7

Ⅰ.①世… Ⅱ.①格… ②贝… ③夏… ④海… Ⅲ.①科学知识—儿童读物②生物学—儿童读物 ③人体—儿童读物 Ⅳ.①Z228.1 ②Q-49 ③R32-49

中国版本图书馆CIP数据核字（2012）第207041号

Title: Human body
Author: Dan Green, illustrated by Simon Basher
Copyright © 2011 text and design by Toucan Books Ltd., based on an original concept by Toucan Books Ltd.,
illustrations by Simon Basher
Title: Biology: Life as we know it!
Author: Dan Green, illustrated by Simon Basher
Copyright © 2008 by Macmillan Publishers Ltd., book concept by Toucan, illustrations by Simon Basher
These editions arranged with Macmillan Children's Books through Big Apple Agency, Inc., Labuan, Malaysia.
Simplified Chinese edition copyright:
2011 Hunan Juvenile & Children's Publishing House Co. Ltd.
All rights reserved.

人体·生物

策划编辑：周　霞　刘艳彬
责任编辑：周　霞　刘艳彬　吴　蓓
特约编辑：张　新
封面设计：陈姗姗
质量总监：郑　瑾

出版人：胡　坚
出版发行：湖南少年儿童出版社
地址：湖南长沙市晚报大道89号　邮编：410016
电话：0731-82196340（销售部）　82196313（总编室）
传真：0731-82199308（销售部）　82196330（综合管理部）
经销：新华书店
常年法律顾问：北京市长安律师事务所长沙分所　张晓军律师
印制：长沙湘诚印刷有限公司
开本：710 mm×1000 mm　1/16
印张：8.625
版次：2012年11月第1版
印次：2012年11月第1次印刷
定价：24.80元